KB208961

독자의 1초를
아껴주는 정성!

세상이 아무리 바쁘게 돌아가더라도
책까지 아무렇게나 빨리 만들 수는 없습니다.
인스턴트 식품 같은 책보다는
오래 익힌 술이나 장맛이 밴 책을 만들고 싶습니다.

길벗이지톡은 독자여러분이
우리를 믿는다고 할 때 가장 행복합니다.
나를 아껴주는 어학도서,
길벗이지톡의 책을 만나보십시오.

독자의 1초를 아껴주는
정성을 만나보십시오.

미리 책을 읽고 따라해본 2만 베타테스터 여러분과
무따기 체험단, 길벗스쿨 엄마 2% 기획단,
시나공 평가단, 토익 배틀, 대학생 기자단까지!
믿을 수 있는 책을 함께 만들어주신
독자 여러분께 감사드립니다.

**홈페이지의 '독자마당'에 오시면
책을 함께 만들 수 있습니다.**

(주)도서출판 길벗 | www.gilbut.co.kr
길벗 이지톡 | www.eztok.co.kr
길벗 스쿨 | www.gilbutschool.co.kr

랩천재 영어천재
고등래퍼 하선호와 배우는

요즘 × 영어

하선호 지음

요즘 영어
Sunho English

초판 발행 · 2020년 9월 20일

지은이 · 하선호
발행인 · 이종원
발행처 · (주)도서출판 길벗
브랜드 · 길벗이지톡
출판사 등록일 · 1990년 12월 24일
주소 · 서울시 마포구 월드컵로 10길 56(서교동)
대표전화 · 02)332-0931 | **팩스** · 02)323-0586
홈페이지 · www.gilbut.co.kr | **이메일** · eztok@gilbut.co.kr

기획 및 책임편집 · 신혜원(madonna@gilbut.co.kr) | **디자인** · 박상희
제작 · 이준호, 손일순, 이진혁 | **영업마케팅** · 김학홍, 장봉석
웹마케팅 · 이수미, 최소영 | **영업관리** · 김명자, 심선숙 | **독자지원** · 송혜란, 홍혜진

편집진행 · 김해리 | **원고감수** · 김지현, Dru James Norman | **전산편집** · 연디자인
오디오 녹음 및 편집 · 와이알 미디어 | **CTP 출력 및 인쇄** · 북토리 | **제본** · 신정문화사

- 책 내용에 대한 문의는 길벗 홈페이지(www.gilbut.co.kr) 고객센터에 올려 주세요.
- 잘못된 책은 구입한 서점에서 바꿔 드립니다.
- 이 책에 실린 모든 내용, 디자인, 이미지, 편집 구성의 저작권은 (주)도서출판 길벗과 지은이에게 있습니다.
  허락 없이 복제하거나 다른 매체에 옮겨 실을 수 없습니다.

ISBN 979-11-6521-264-3 (길벗 도서번호 301069)

이 이 도서의 국립중앙도서관 출판예정도서목록(CIP)은 서지정보유통지원시스템 홈페이지(http://seoji.nl.go.kr)와
국가자료종합목록 구축시스템(http://kolis-net.nl.go.kr)에서 이용하실 수 있습니다.
(CIP제어번호 : CIP2020033494)

Copyright©2020 하선호

정가 14,000원

독자의 1초까지 아껴주는 정성 길벗출판사

(주)도서출판 길벗 | IT실용, IT/일반 수험서, 경제경영, 취미실용, 인문교양(더퀘스트), 교과서 gilbut.co.kr
길벗이지톡 | 어학단행본, 어학수험서 gilbut.co.kr
길벗스쿨 | 국어학습, 수학학습, 어린이교양, 주니어 어학학습 gilbutschool.co.kr

페이스북 · www.facebook.com/gilbuteztok
네이버 포스트 · http://post.naver.com/gilbuteztok
유튜브 · https://www.youtube.com/gilbuteztok

화제의 오디오클립 <선호 영어>를
책으로 만난다!

고등래퍼 하선호와 요즘 영어를 배운다!

'새롭고 독특한 영어 학습 오디오클립을 만들고 싶다!'라는 뜻이 모이고, 기존 영어 학습법의 문제점에 대한 논의가 거듭되며 의문이 들기 시작했습니다. '우리가 제일 처음 배우는 영어 표현 How are you?에 외국인들은 정말 Fine. Thank you. And you?라고 대답할까?' 대답은 모두가 알고 있습니다. 당연히 아니죠!

우리말에도 요즘 쓰는 말, 유행어, 특정 연령층만 쓰는 말이 있듯이, 영어에도 그런 말들이 있습니다. 요즘 세대가 요즘 쓰는 표현 말이죠. 오디오클립 <선호 영어>는 요즘 젊은 층이 많이 쓰는 영어 표현, '진짜로' 쓰는 영어를 알려주고 싶다는 생각에서 출발했습니다. 여기에 '음악을 듣는 것처럼 신나게 영어를 배우면 어떨까?'라는 아이디어가 더해져, 래퍼 하선호(Sandy)가 함께 했죠. 비트에 맞춰 어깨 힘 빼고 편안하게 영어를 배워보세요. 흥얼거리다 보면 그 표현 하나만큼은 자신 있게 말할 수 있을 거예요.

<선호 영어>와 함께라면, 조금 더 쉽게, 조금 더 재밌게, 조금 더 즐겁게 영어 공부할 수 있습니다.

Let' get the bread!

하선호 & 선호영어 제작진

오디오클립 <선호 영어>와 함께 하면
학습 효과가 두 배가 됩니다.

QR코드로 오디오클립을 확인하세요.

DAY 01 Gucci, Lit

오디오 클립 듣기

// Gucci

쉬운 설명으로
요즘 영어를
배워보세요.

명품 브랜드 '**Gucci(구찌)**'가 요즘 일상 영어에서도 많이 사용되고 있어요. Gucci는 요즘 20대들이 가장 선호하는 감각적이고 젊은 느낌의 명품 브랜드잖아요. 그래서 '**멋져**', '**아주 좋아**', '**끝내줘**' 같은 표현을 Gucci로 대체해서 말하는 것이 유행되었어요. 누군가 How are you doing? (잘 지내?)라고 물어봤을 때, '잘 지내지'라고 대답하고 싶다면 I'm fine. 대신 이렇게 말하는 거죠.

Everything's Gucci! / **It's** Gucci!   아주 잘 지내지!

친구가 "오늘 저녁에 떡볶이 콜?"이라고 묻는다면? That'll be Gucci! (그거 좋지!)라고 대답할 수도 있어요. 머리를 하고 온 친구가 How's my hair style? (내 헤어 스타일 어때?)라고 물으면, It's Gucci! (완전 예뻐!)라고 한번 대답해 보세요.

요즘 영어로 말해보자! //   01-1.mp3

1 새로 나온 스니커즈 완전 죽이더라. The new sneakers are _____

2 걱정 마, 나 잘 되고 있어. Don't worry, it's all _____ .

정답 1 Gucci 2 Gucci

010

앞에서 배운 요즘 영어로 표현을 만들어보세요.

○ **오디오클립**

QR코드를 찍거나, 네이버 오디오클립에서 '선호 영어'를
검색하면 오디오클립을 들을 수 있습니다.

○ **예문 mp3**

예문 mp3 파일은 길벗 홈페이지(www.gilbut.co.kr)에
서 무료로 다운로드 할 수 있습니다.

LET THE BEAT DROP!

챈트로 오늘 배운 표현을 익혀보자. 비트주세요!

I'm down down down da da down
I'm down down down da da down
Do you want to go to CL concert?
씨엘 콘서트 가고 싶어?
어, 나 가고 싶어!
I'm down!
Would you like to go eat chicken for dinner?
저녁에 치킨 먹으러 갈래?
완전 좋아!
I'm down!
Count me in, Count me in, Count me in
Count me in, Count me in, Count me in
Who wants to go for a movie this weekend?
이번 주말에 영화 보러 갈 사람?
나도 끼워 줘!
Count me in!
Who wants to go to the library with me?
같이 도서관 갈 사람?
난 빼 줘.
Count me out.

022

챈트로 오늘 배운 표현을 익혀보세요.

DAY 01
Gucci, Lit

// Gucci

명품 브랜드 '**Gucci(구찌)**'가 요즘 일상 영어에서도 많이 사용되고 있어요. Gucci는 요즘 20대들이 가장 선호하는 감각적이고 젊은 느낌의 명품 브랜드잖아요. 그래서 '**멋져**', '**아주 좋아**', '**끝내줘**' 같은 표현을 Gucci로 대체해서 말하는 것이 유행되었어요. 누군가 How are you doing? (잘 지내?)라고 물어봤을 때, '잘 지내지!'라고 대답하고 싶다면 I'm fine. 대신 이렇게 말하는 거죠.

Everything's Gucci! / It's Gucci! 아주 잘 지내지!

친구가 "오늘 저녁에 떡볶이 콜?"이라고 묻는다면? That'll be Gucci! (그거 좋지!)라고 대답할 수도 있어요. 머리를 하고 온 친구가 How's my hair style? (내 헤어 스타일 어때?)라고 물으면, It's Gucci! (완전 예뻐!)라고 한번 대답해 보세요.

요즘 영어로 말해보자! //

01-1.mp3

1 새로 나온 스니커즈 완전 죽이더라. **The new sneakers are** _____.

2 걱정 마, 다 잘 되고 있어. **Don't worry, it's all** _____.

정답 **1** Gucci **2** Gucci

// Lit

Light(불을 밝히다)의 과거형인 **lit**은 원래 '불이 붙다'라는 뜻이지만, **정말 멋진 것을 봤을 때** 사용하는 표현이기도 해요. 무언가가 굉장히 멋질 때 이렇게 말해보세요.

Last night on stage, Sunho was lit.

어젯밤 무대에서 선호 진짜 멋졌어.

Sunho's new album is lit.

새로 나온 선호 앨범 진짜 좋아.

멋지다라는 뜻으로 lit이 사용될 때는 한마디로 super cool이라는 의미예요. 앞에서 배운 Gucci와 비슷한 의미죠. 그런데 사람의 상태가 lit 할 수도 있어요. 이때 lit은 '술에 취한'이라는 뜻이에요. 몸을 가눌 수 없을 정도로 취한 게 아니라 기분이 좋고 신날 정도로 취했을 때 lit이라고 해요.

A : **Were you okay last night?**   너 어제 괜찮았어?
B : **I was lit yesterday.**   나 어제 취했었어.

lit은 눈에 보이는 것을 묘사할 땐 '멋진'이라는 뜻이지만, 사람의 상태를 나타낼 때는 '술에 취한'이라는 전혀 다른 의미로 쓰인다는 점 꼭 기억해 주세요.

요즘 영어로 말해보자! //────────────

01-2.mp3

1 선호 생일 파티 장난 아니었어. **Sunho's birthday party was** _____.

2 이거 마시지 마. 너 취할 거야. **Don't drink this. You'll get** _____.

정답   **1** lit **2** lit

LET THE BEAT DROP!

챈트로 오늘 배운 표현을 익혀보자. 비트주세요!

G.U.C.C.I
I'm Gucci!
And you're Gucci!
How are you?
Everything's Gucci!
How do you do?
Everything's Gucci!
How are you doing?
Everything's Gucci!
How's my song?
It's Gucci!
How's my fashion?
It's Gucci!
How's my hair style?
It's Gucci!
You're Gucci!
And I like Gucci!

비트에 맞춰 말해보기

DAY 02

Super into, Fangirling

// Super into

super into는 '~에 푹 빠져 있다', '꽂혀 있다'라는 뜻이에요. 무언가가 너무 좋아서 푹 빠져있을 때 I like 나 I love 대신 이 표현을 쓸 수 있어요. 예를 들어 '나 요즘 선호한테 완전 빠져 있어'라고 하고 싶다면 이렇게 말하는 거죠.

I'm super into Ha Sunho these days.

난 요즘 하선호한테 푹 빠져 있어.

These days(요즘) 대신 recently(최근에)를 넣어 I'm super into Sunho's song recently. (나 최근에 선호 노래에 완전 꽂혀 있어.)라고도 할 수 있어요. be into가 어떤 것에 '관심이 많다'라는 뜻인데요. super을 넣어 굉장히, 대단히 좋아한다고 강조하는 거죠. 좋아하는 사람이나 사물, 음식이 있다면 super into 뒤에 넣어 '~ 에 푹 빠져 있다'라고 표현해 보세요.

요즘 영어로 말해보자! //

02-1.mp3

1 나 저 여자애한테 푹 빠져 있어. I'm _____ that girl.

2 나 이탈리아 음식에 꽂혀 있어. I'm _____ Italian food.

정답 **1** super into **2** super into

// Fangirling

이번에는 무언가를 너무 좋아해서 그와 관련된 모든 것을 섭렵하는, 소위 '덕질'이라 불리는 표현을 배워볼게요. 연예인이나 가수를 열광적으로 좋아하는 사람을 fan이라고 하죠? fan에 girl과 boy가 더해져 fangirl(소녀팬), fanboy(소년팬)라는 단어가 만들어졌는데요. 여기에 ing만 붙이면 **fangirling**, **fanboying** (**덕질 중이다**, **덕질하다**)이라는 표현이 돼요.

I'm fangirling Sunho these days.

나 요즘 선호 덕질 중이야.

덕질을 하고 있는 사람이 여자면 fangirling, 남자면 fanboying이라고 해요. 이번에는 덕질을 하러 콘서트장에 갔더니 옆자리에 멋진 남자가 앉아 있네요. 언제부터 선호를 덕질 했는지 물어볼까요?

When did you start fanboying Sunho?

선호 덕질 언제부터 시작했어요?

상대가 남자이니 fangirling이 아닌 fanboying이라고 하면 되겠죠? 요즘은 덕질도 행복하고 당당하게 하는 시대예요. 여러분도 누군가를 덕질 중이라면 SNS에 이렇게 해시태그 한번 달아보세요. #fangirlmoment, #fanboymoment(#덕질 중)

요즘 영어로 말해보자! //

02-2.mp3

1 그녀는 요즘 그 래퍼 덕질 중이야. She's been _____ that rapper.

2 내 남동생은 선호 덕질을 시작했어. My brother starts _____ Sunho.

정답 **1** fangirling **2** fanboying

LET THE BEAT DROP!

챈트로 오늘 배운 표현을 익혀보자. 비트주세요!

Super into, Super into, Super into

Super into, Super into, Super into

나 요즘 완전 하선호한테 빠져 있잖아.

I'm super into Ha Sunho these days.

나 최근에 하선호 노래에 완전 꽂혔어.

I'm super into Sunho's song recently.

나 요즘 초코우유에 빠졌잖아.

I'm super into chocolate milk these days.

Fangirling, Fangirling, Fangirling

Fangirling, Fangirling, Fangirling

나 요즘 하선호 덕질해.

I'm fangirling Ha Sunho these days.

언제부터 선호 덕질 하셨어요?

When did you start fangirling Sunho?

같이 덕질할 친구를 찾고 싶어.

I wanna find buddies that I can fangirl with.

비트에 맞춰 말해보기

OMW, SMH, NVM, ASAP

오디오 클립 듣기

// OMW

여러분 SNS 많이 하시나요? 우리도 카톡 할 때 '오케이' 대신 짧게 ㅇㅋㅇㅋ 같은 줄임말을 쓰는 것처럼 영미권에서도 줄임말을 많이 사용해요. 오늘은 SNS에서 많이 사용하는 줄임말에 대해 알아볼게요. 첫 번째 표현은 **OMW** 입니다. 무슨 뜻일까요? 바로 **On My Way**를 줄인 표현으로 '**~에 가는 중이야**'라는 뜻이에요. 친구가 "지금 어디야?"라고 물으면 OMW(가는 중)라고 짧게 대답하는 거죠. 만약 다른 장소에 가고 있으면 이렇게 대답할 수 있어요.

OMW home. 집에 가는 중이야.

OMW to school. 학교에 가는 중이야.

on my way는 평소에도 굉장히 많이 쓰이는 표현이에요. 하지만 OMW는 사람들과 직접 말할 때는 쓰지 않고, 채팅창에서만 줄여 쓴다는 점 기억해 주세요.

요즘 영어로 말해보자! //

03-1.mp3

1 늦어서 미안! 가는 중이야. Sorry, I'm late! I'm _____.

2 커피 한 잔 더 사러 가는 중이야. _____ to buy another coffee.

정답 **1** OMW **2** OMW

// SMH

SMH는 어떤 단어의 줄임말일까요? 바로 **Shake My Head(고개를 젓다)**입니다. 고개를 절레절레 젓는 모습을 상상해 보세요. '**절레절레**', '**쯧쯧쯧**'의 느낌이 들죠? 예를 들어 친구가 어처구니 없는 상황이 발생했다고 이렇게 연락이 왔어요. I left my wallet at the ATM… SMH. (나 현금 인출기에 지갑을 두고 나왔어… 절레절레.) SMH를 어떻게 쓰는지 대충 감이 오나요? SMH는 누군가가 한심하고 답답하게 느껴져서 '어휴~'라고 하는 것과 비슷해요. 어이없는 상황이 발생했을 때 SHM 한번 사용해 보세요.

// NVM

NVM은 **Never Mind.(신경 쓰지 마, 괜찮아)**의 줄임말이에요. 예를 들어 친구가 저를 부르더니 "부탁할 게 있었는데 해결했어. NVM." 이런 식으로 쓰여요. 말 그대로 신경 쓰지 말라고 할 때 쓰는 표현이에요.

I'll do it myself. NVM. 내가 할게. 신경 쓰지 마.

우리가 "아니야, 신경 쓰지 마"라고 표현하는 것을 영어로는 NVM이라고 해요.

요즘 영어로 말해보자! //   03-2.mp3

1 나 여권을 까먹고 안 가져왔어. 절레절레. **I forgot my passport,** _____.

2 A : 미안해. 내가 네 꽃병 깼어. **I'm sorry. I broke your vase.**
　　 B : 하나 더 사면 돼. 신경 쓰지 마. **I can buy another one.** _____.

정답　**1** SMH　**2** NVM

// ASAP

ASAP! 이 표현 많이 보셨죠? 일상생활에서 정말 많이 쓰는 표현인데요. [에이쎕]이라고 읽어요. **ASAP**은 **As Soon As Possible**의 줄임말로 '**최대한 빨리**'라는 의미예요. 주로 무언가를 최대한 빨리 해 달라고 요청할 때 사용해요.

Please call me back ASAP. 최대한 빨리 연락해 주세요.
Please give me a reply ASAP.

최대한 빨리 답장해 주세요.

누군가에게 급하게 연락을 받아야 할 때도 있지만, 빌려준 돈 빨리 갚으라고 말하고 싶을 때도 있죠? 이렇게 말할 수 있어요.

Please pay me back ASAP. 최대한 빨리 돈 갚아.

ASAP은 다양한 연령층에서 사용할 뿐만 아니라 전화나 이메일, 문자로도 사용할 수 있는 아주 유용한 표현이에요. 그동안 '빨리'라고 말할 때 fast, quickly만 썼다면, 이제 ASAP 한번 사용해 보세요. 의미를 훨씬 정확하게 전달하면서 더 자연스러운 대화가 가능할 거예요.

요즘 영어로 말해보자! //
03-3.mp3

1 최대한 빨리 이 일을 끝냅시다! **Let's get this done** _____!

2 너 지금 어디야? 최대한 빨리 연락 줘.

   Where are you? Call me back _____.

정답 **1** ASAP **2** ASAP

018

LET THE BEAT DROP!

챈트로 오늘 배운 표현을 익혀보자. 비트주세요!

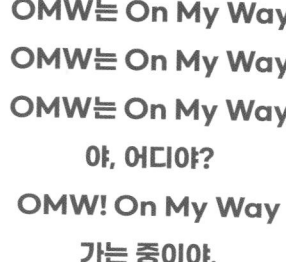

OMW는 On My Way

OMW는 On My Way

OMW는 On My Way

야, 어디야?

OMW! On My Way

가는 중이야.

SMH는 Shake My Head

SMH는 Shake My Head

SMH는 Shake My Head

헐! 지갑 또 놓고 옴. SMH!

SMH는 뭐라고요?

Shake My Head

NVM은 Never Mind

NVM은 Never Mind

NVM은 Never Mind

방금 뭐라고 했어?

Never mind. NVM!

신경 쓰지 마. 아니야!

ASAP은 As Soon As Possible

ASAP은 As Soon As Possible

돈 빨리 갚아.

ASAP!

최대한 빨리!

비트에 맞춰 말해보기

I'm down, Count me in

오디오 클립 듣기

// I'm down

누가 "이거 같이 할래?"라고 물을 때 "**어! 나도 하고 싶어!**"라고 대답하고 싶을 때가 있죠? 그때 **I'm down**을 써요. 친구한테 '이번주 주말에 영화 보러 갈래?'라고 연락이 오면 '콜!' 이라고 대답하는 것을 영어로 하면 I'm down인 거죠.

A : **Do you want to go to CL concert?**

   너 CL 콘서트 가고 싶어?

B : **I'm down!**   그래, 좋아!

콘서트가 끝나고 친구가 이렇게 묻는다면? Would you like to go eat chicken with me for dinner? (저녁에 같이 치킨 먹으러 갈래?) 이렇게 대답하는 거죠. I'm down! (응, 갈래!)

04-1.mp3

요즘 영어로 말해보자! //

1 A : 오늘 같이 공부할래? Do you want to study with me?
  B : 좋아! _____ !

2 나도 너랑 같이 할게. _____ with you.

정답   **1** I'm down **2** I'm down

// Count me in

I'm down이 주로 일대일 상황에 쓰인다면, **Count me in**은 다수가 있는 상황에서 더 많이 쓰여요. 예를 들어 여러 명이 함께 있는 상황에서 누군가가 Who wants to go for a movie this weekend? '이번 주 주말에 영화 보러 갈 사람?'이라고 물어봐요. 가고 싶다면 이렇게 말하는 거죠.

Count me in. 나도 끼워 줘.

Count me in은 직역하면 '가는 사람 숫자에 나도 넣어줘'라는 뜻이에요. 자연스럽게 '**나도 끼워 줘**' 혹은 '**나도 동참할게**'라고 해석할 수 있어요. 이번에는 친구가 도서관에 같이 갈 거냐고 물어보네요.

A : **Who wants to go to library with me?**
　　같이 도서관 갈 사람?

B : **Count me in.** 나 갈래.

C : **Count me out.** 난 빼 줘.

같이 가고 싶다면 Count me in, 반대로 가기 싫다면 Count me out이라고 해요. 일상생활에서 자주 쓰이는 표현이니 기억해두면 도움이 될 거예요.

요즘 영어로 말해보자! //

04-2.mp3

1 이번 주 금요일 파티에 나도 갈래. **About the party this Friday, _____.**

2 난 이번에 파티에서 빠질게. **_____ for the party this time.**

정답　**1** count me in　**2** Count me out

LET THE BEAT DROP!

챈트로 오늘 배운 표현을 익혀보자. 비트주세요!

I'm down down down da da down

I'm down down down da da down

Do you want to go to CL concert?

씨엘 콘서트 가고 싶어?

어, 나 가고 싶어!

I'm down!

Would you like to go eat chicken for dinner?

저녁에 치킨 먹으러 갈래?

완전 좋아!

I'm down!

Count me in, Count me in, Count me in

Count me in, Count me in, Count me in

Who wants to go for a movie this weekend?

이번 주말에 영화 보러 갈 사람?

나도 끼워 줘!

Count me in!

Who wants to go to the library with me?

같이 도서관 갈 사람?

난 빼 줘.

Count me out.

비트에 맞춰 말해보기

오디오 클립 듣기

// IMA

IMA는 [임마]가 아니라 [아이마]라고 발음하는데요. **'나는 ~할 거야'**라는 의미예요. I'm going to → I'm gonna → I'm a → IMA가 되었어요. 뜻은 I'm going to와 동일해요. 어떤 무언가를 할 예정이거나 나의 계획을 말할 때 IMA를 써요.

IMA **take a shower.** 나는 샤워할 거야.
IMA **eat tteokbokki after the test.**

나는 시험 끝나고 떡볶이 먹을 거야.

팝가수 빌리 아일리시(Billie Eilish)가 인스타그램에 이렇게 글을 올린 적이 있어요. IMA keep my mind on my money & my time. (나는 내 돈과 시간에 집중할 거야.) 빌리 아일리시는 IMA라고 썼지만, IMMA, I'MMA 모두 같은 표현이에요. 발음도 [아이마]로 동일하답니다.

요즘 영어로 말해보자! //

05-1.mp3

1 나 커피 한 잔 마실 거야. _____ drink a cup of coffee.

2 내가 곧바로 다시 전화할게. _____ call you right back.

정답 **1** IMA **2** IMA

// Keep my mind on

keep my mind on은 focus on(집중하다)과 같은 뜻이지만, 조금 더 구어적인 느낌이 살아있는 표현이에요. on 뒤에 무엇에 집중할 것인지 나타낼 수 있는데요. 빌리아일리시의 인스타그램을 다시 살펴볼게요.

IMA keep my mind on my money & my time. 나는 내 돈과 시간에 집중할 거야.

이 문장을 풀어서 해석하면 IMA(나는 ~할 거야), keep my mind on(~에 집중하다), my money & my time(내 돈과 시간)이 돼요. 앞서 살펴본 표현이 더 쉽게 이해되죠? 그럼 다른 문장도 만들어 볼까요?

IMA keep my mind on my health.
나는 내 건강에 집중할 거야.

keep my mind on은 무언가에 전념하고 몰두하겠다는 의지를 드러내는 표현이에요. 무언가에 집중하고 싶다고 말하고 싶을 때 keep my mind on 한번 사용해 보세요.

05-2.mp3

요즘 영어로 말해보자! //

1 나 다음 주에 시험이야. 공부에 집중해야 해.

I got a test next week. I gotta _____ my studies.

2 나는 여기서 포기 못해. 경기에서 이기는 것에 집중할 거야.

I can't give up now. IMA _____ winning the game.

정답 **1** keep my mind on **2** keep my mind on

gotta는 (have) got to의 줄임말로 '~을 해야 한다'라는 뜻이에요.

024

LET THE BEAT DROP!

챈트로 오늘 배운 표현을 익혀보자. 비트주세요!

IMA, IMA, IMA

IMA, IMA, IMA

IMA, IMA, IMA

IMA, IMA, IMA

IMA go home.

IMA go to school.

IMA go home.

IMA go to school.

KEEP MY MIND ON

KEEP MY MIND ON

KEEP MY MIND ON

KEEP MY MIND ON

IMA keep my mind on my time.

IMA keep my mind on my health.

IMA keep my mind on my family.

비트에 맞춰 말해보기

Salty, Cheesy

오디오 클립 듣기

// Salty

오늘 배울 표현은 salty입니다. 요리 레시피가 아니고요. 실생활에서 아주 많이 쓰이는 표현이에요. 맛을 표현할 때 salty라고 하면 '짜다'는 뜻인데요. **상대방이 예민하게 굴거나 까칠하게 대할 때도 salty**를 쓸 수 있어요.

Why are you being so salty today?

오늘 왜 이렇게 예민해?

I was a bit salty to you.   내가 너에게 조금 예민했어.

조금 예민했다면 a bit, 많이 예민했다면 super를 넣어 I was super salty.(내가 많이 예민했어.)라고 할 수 있어요. 소금을 만지면 까끌까끌하니까 '까칠하다', '예민하다'라고 기억하면 쉽겠죠?

06-1.mp3

요즘 영어로 말해보자! //

1 걔 애인이랑 헤어지고 나서 약간 예민해진 것 같지 않아?

Didn't she get kind of _____ after she broke up?

2 내가 걔한테 너무 예민했나? Was I too _____ to him?

정답   **1** salty **2** salty

// Cheesy

다음 표현은 **cheesy**입니다. 듣기만 해도 무슨 뜻인지 느낌이 오지 않나요? 치즈는 맛있지만, 많이 먹으면 느끼하죠? 바로 그거예요! '**너무 느끼해**', '**오글거려**'라고 할 때 cheesy라고 해요.

A : **My boyfriend calls me a little kitten.**

내 남자친구는 나를 아기 고양이라고 불러.

B : **It's so cheesy!** 완전 오글거려!

아기 고양이라고 부른다니 정말 느끼하네요. 이렇게 듣기만 해도 오글거리고 느끼할 때 cheesy라고 할 수 있어요. 누가 너무 다정하고 친절할 때는 You are so sweet. 누가 예민하게 굴 때는 You're so salty. 누가 너무 느끼하게 굴 때는 뭐라고요?

You are so cheesy! 너무 오글거려!

우리말은 사람이 느끼한 행동을 할 때도 '느끼하다', 음식에 기름이 너무 많아도 '느끼하다'라고 하지만 영어로는 다르게 표현해야 해요. 누군가의 행동이나 상황이 느끼하고 오글거릴 때는 cheesy, 음식이 느끼할 땐 oily 또는 greasy라고 한답니다.

요즘 영어로 말해보자! //

1 느끼하게 그만 굴어. Stop being so _____.

2 걔 여자친구한테 말하는 거 진짜 느끼해.

The way he talks to his girlfriend is so _____.

정답 **1** cheesy **2** cheesy

LET THE BEAT DROP!

챈트로 오늘 배운 표현을 익혀보자. 비트주세요!

Salty, Salty

You are so salty, salty.

Why are you being so salty today?

오늘 왜 이렇게 예민해?

Didn't she get kind of salty after she broke up?

걔 애인이랑 헤어지고 약간 예민해지지 않았어?

I was a bit salty to you.

내가 좀 예민했어.

I was super salty.

내가 좀 많이 예민했어.

Cheesy, Cheesy, Cheesy

It was so cheesy, cheesy.

He calls me a cute little kitten.

내 남친은 나를 아기고양이라고 불러.

You are so cheesy.

비트에 맞춰 말해보기

// Picture perfect

picture는 '그림'이고, perfect는 '완벽하다'는 뜻이죠? 이 둘을 합하면 **Picture perfect!** 한마디로 **'그림처럼 완벽하다'**는 뜻이 돼요. 누군가에게 또는 무언가가 완벽하다고 칭찬할 때 많이 사용하는 표현이에요.

You are picture perfect! 넌 정말 완벽해!
This scenery is picture perfect!

여기 풍경이 너무 아름다워!

picture perfect는 '완벽한' 무언가를 갖고 싶을 때도 쓸 수 있어요. '난 정말 아름다운 집에서 살고 싶어.'라고 이렇게 말하는 거죠. I want to live in a picture perfect house. 완벽한 무언가를 보면 외치세요. Picture perfect!

요즘 영어로 말해보자! //

07-1.mp3

1 너 오늘 정말 예쁘다. You are so _____ today.

2 나는 완벽한 크리스마스를 보내고 싶어.
I want to have a _____ Christmas day.

정답 **1** picture perfect **2** picture perfect

// I'm speechless

완벽한 무언가를 봤을 때 사용할 수 있는 또 다른 표현이 있어요. 바로 **I'm speechless**입니다. 이 표현은 '**너무 완벽해서 말을 잃었다**'는 뜻이에요. 예를 들어 내가 좋아하는 연예인이 SNS에 사진을 올렸을 때 이렇게 댓글을 달 수 있어요.

I love your picture. I'm speechless!

사진 너무 좋아요. 말이 필요 없어!

You are so beautiful. I'm speechless!

너무 아름다워요. 완벽해!

speechless는 '말을 잇지 못하는', '말을 잃은'이라는 뜻인데요. 너무 완벽해서 말을 잃었다는 찬사로 많이 쓰여요. 이번에는 드라마를 봤는데 주인공도 멋지고, 내용도 너무 재미있어요. speechless를 이용해 이렇게 말해보세요.

This episode was the best. I'm speechless!

이번 에피소드 진짜 최고였어. 말.잇.못!

요즘은 '말을 잇지 못하겠다'를 줄여서 '말.잇.못'이라고도 많이 하죠? 영어로는 I'm speechless라고 해요. 이런 표현 하나쯤 기억해 두면 아주 유용할 거예요.

요즘 영어로 말해보자! //━━━━━━━━━━━━━━━━━━━━━━━━━ 07-2.mp3

1 너 이 사진에서 너무 예뻐. 할 말을 잃었어.

  You look gorgeous in this picture. _____.

2 네 드레스 진짜 예쁘다. 말.잇.못! I love your dress. _____.

정답 **1** I'm speechless **2** I'm speechless

LET THE BEAT DROP!

챈트로 오늘 배운 표현을 익혀보자. 비트주세요!

Picture perfect, Picture perfect
Picture perfect, Picture perfect
넌 정말 너무 완벽해!
You are picture perfect!
하선호는 정말 완벽해!
Sunho is picture perfect!
난 정말 아름다운 집에서 살고 싶어.
I want to live in a picture perfect house.
나 정말 완벽한 크리스마스를 지내고 싶어.
I want to have a picture perfect Christmas day.
난 완벽한 카메라가 사고 싶어.
I want to buy a picture perfect camera.
I'm speechless, I'm speechless
I'm speechless, I'm speechless
완벽한 걸 봤을 때는 뭐라고?
I'm speechless, I'm speechless
하선호 인스타에 달아야 할 댓글은?
I'm speechless, I'm speechless

// Shout out to

힙합 가사에 자주 나오는 표현 하나 소개해 드릴게요. 바로 **shout out to**인데요. 직역하면 '~에게 외치다'이지만, 주로 '**~에게 공을 돌리다**', '**~에게 너무 고맙다**'라는 뜻으로 많이 쓰여요.

Shout out to my mom for being the best mom in the universe.

이 우주에서 가장 최고의 엄마가 되어주는 우리 엄마에게 이 영광을!

shout out to 다음에는 공을 돌리고 싶은 대상을, for 다음에는 공을 돌리고 싶은 이유를 붙여요. 주어와 함께 문장을 만들고 싶을 때는 give a shout out to라고 해요. 누군가에게 공을 돌리고 싶을 때 shout out to 한번 사용해 보세요.

요즘 영어로 말해보자! // ──────────────── 08-1.mp3

1 저를 도와주신 모든 분께 이 영광을 바칩니다.

_____ everyone who helped me.

2 제 친구에게 이 공을 돌립니다. I want to give a _____ my friend.

정답   **1** Shout out to **2** shout out to

// Screwed up

고마움을 표현하는 법을 배웠으니 이번엔 반대의 표현을 배워볼게요. 큰 실수를 하거나 하던 일이 엉망이 되었을 때 '**망쳤다**'라고 하죠? 영어로 하면 **screwed up**이에요. **무언가를 망쳐서 너무 화나고 짜증이 날 때** 쓸 수 있는 표현이에요.

I screwed up my test. 나 시험 망쳤어.
I'm sorry. I screwed up. 미안해. 내가 다 망쳤어.

주어 자리에 누가 오느냐에 따라 무언가를 망친 대상이 달라져요. 네가 망쳤다면 You screwed up, 그녀가 망쳤다면 She screwed up, 우리가 망쳤다면 We screwed up.인 거죠.

You screwed up my plan. 네가 내 계획을 망쳤어.
He screwed up my life. 그가 내 인생을 망쳤어.

참고로 screwed up은 실수했다는 느낌보다는 '다 망쳤다'라고 말하는 아주 강한 어투에 가까워요. 아무에게도 screwed up을 쓰는 상황이 오지 않길 바랄게요.

요즘 영어로 말해보자! //━━━━━━━━━━━━━━━

08-2.mp3

1 나 과학 시험 완전히 망쳤어. I totally _____ my science test.

2 네가 망친거야. 나 끌어들이지 마!

You _____. Don't drag me into it!

정답 **1** screwed up **2** screwed up

LET THE BEAT DROP!

챈트로 오늘 배운 표현을 익혀보자. 비트주세요!

Shout out to, Shout out to

Shout out to, Shout out to

이 우주에서 가장 훌륭한 엄마가 되어 준

우리 엄마에게 이 영광을.

Shout out to my mom

for being the best mom in the universe.

어떤 경우에도 지지해준 팬들에게 이 영광을.

Shout out to my fans

who support me no matter what.

나를 완벽하게 만들어준 스타일리스트에게 공을 돌린다.

Shout out to my stylists

for dolling me up every time.

Screwed up, Screwed up

Screwed up, Screwed up

네가 내 데모를 망쳤어.

You screwed up my demo.

네가 내 계획을 망쳤어.

You screwed up my plan.

네가 내 인생을 망쳤어.

You screwed up my life.

비트에 맞춰 말해보기

DAY 09

For the record, Off the record

오디오 클립 듣기

// For the record

for the record는 '**분명히 말하는데**'라는 의미예요. 예를 들어 수업을 듣다가 아주 잠깐 졸았는데 친구가 "너 오늘 내내 졸았지?"라고 물으면 너무 억울하겠죠? 그때 이렇게 말할 수 있어요.

For the record, I was just closing my eyes.

분명히 말하는데, 나 눈만 감고 있었어.

어떤 사실이 '**진짜**'라는 걸 강조하고 싶을 때도 for the record를 써요. 예를 들어 시험 기간에 이런 말 하는 친구들 꼭 있죠? For the record, I didn't study at all this time. (나 이번에 진짜로 공부 하나도 안 했어.) for the record는 캐주얼한 일상 회화에서 주로 사용해요. 미드나 영화에 자주 나오는 표현이니 꼭 귀 기울여 들어보세요.

요즘 영어로 말해보자! //

09-1.mp3

1 분명히 말하는데, 너한테 더 이상 돈을 빌려줄 수 없어.

_____, I can't lend you any more money.

2 진짜야, 나 정말로 저 케이크 안 먹었어.

_____, I really didn't eat that cake.

정답 **1** For the record **2** For the record

// Off the record

off the record는 녹음기를 끄고 하는 말, 기록되면 안 되는 말이니 **비공식적인 이야기나 비밀을 말할 때** 자주 쓰여요. secret(비밀)이란 단어 대신 이제 off the record를 사용해서 문장을 만들어볼까요?

Let's keep this off the record.

이 얘긴 비밀로 하자.

Off the record, she has a crush on him.

이거 비밀인데, 걔가 그 남자 좋아한대.

남에게 무언가를 알리지 말아야 할 때도 off the record를 쓰지만, 아직 확실한 계획이 아니어서 공식적으로 말하기 어려운 비공식적인 일을 말할 때도 off the record를 써요.

Off the record, I might get a promotion.

아직 공식적인 건 아닌데, 나 승진할 지도 몰라.

비밀 이야기를 할 때, 비공식적인 이야기를 할 때 off the record를 사용한다는 점 기억해 주세요.

09-2.mp3

요즘 영어로 말해보자! //

1 비밀을 지켜주면 너한테 다 말해줄게. I'll tell you everything if it's _____.

2 공식적인 건 아닌데, 나 콘서트 할 수도 있어.
_____, I might have a concert soon.

정답 **1** off the record **2** Off the record

LET THE BEAT DROP!

챈트로 오늘 배운 표현을 익혀보자. 비트주세요!

For the record, Off the record
For the record, Off the record
For the record, Off the record
For the record, Off the record
분명히 말하는데, 나 진짜 갖고 왔어. 근데 지금 없어.
For the record, I really had it, but it's gone now.
나 진짜로 이번에 공부 하나도 안 했어.
For the record, I didn't study at all this time.
For the record, Off the record
For the record, Off the record
이거 비밀인데, 선호 좋아하는 사람 있대.
Off the record, Sunho has a crush on someone.
이거 비밀로 하자.
Let's keep this off the record.
이거 공식은 아닌데, 나 콘서트 할 수도 있어.
Off the record, I might have a concert soon.

비트에 맞춰 말해보기

DAY 10

That's enough, You are busted

오디오 클립 듣기

// That's enough

That's enough는 '**그만해**', '**충분해**'라는 뜻이에요. 친구가 거짓말을 하거나 끊임없이 장난을 칠 때 That's enough라고 하면 '이제 그만해', '적당히 해'라는 말이 돼요. 너무 듣기 싫고 화가 날 때는 짧게 줄여 Enough라고도 해요.

A : **I won the lottery!**   나 복권 당첨됐어!

B : **That's enough.**   그만해.

That's enough와 비슷한 표현으로 Save it이 있어요. Save it은 누군가 너무 뻔한 거짓말을 하거나 과장된 이야기를 할 때 '고마해라. 마이 했다 아이가~'라는 어감이에요. 쉽게 말해 그만하라는 거죠. 친구가 말도 안 되는 거짓말을 하거나 듣고 싶지 않은 자기 자랑을 늘어놓을 때 That's enough! Save it! 외쳐 주세요.

요즘 영어로 말해보자! //

10-1.mp3

1 돈 달라고 좀 그만해. 적당히 좀 해! **Stop asking for money.** _____!

2 너랑 말다툼하는 거 지겨워. 그만 좀 해!
I'm sick of arguing with you. _____!

정답   **1** That's enough **2** That's enough

038

// You are busted

누가 거짓말하거나 나쁜 행동을 하는 것을 포착했을 때 '**너 딱 걸렸어!**'라고 하죠? 영어로는 **You are busted!**라고 해요. 예를 들어 친구가 내 책에 낙서를 하고 있는데 그 모습을 다 보고 있었다면 이렇게 말할 수 있어요.

I saw what you were doing.
You are busted!   너 뭐 하는지 내가 다 봤어. 너 딱 걸렸어!

bust는 원래 '경찰이 불시 단속을 벌이다', '급습하다'라는 의미인데, be busted가 되면 '못된 짓을 하다 걸리다'라는 의미가 돼요. 한마디로 딱 걸렸다는 거죠. 이번에는 몰래 집을 빠져나가려 했는데 엄마에게 들켰어요. 엄마가 이렇게 큰소리치시네요.

Stop there! You're so busted!
거기 서! 너 아주 딱 걸렸어!

You're busted 사이에 so를 넣어 정말로, 아주 딱 걸렸다고 강조를 했어요. 상대방이 무언가를 몰래 하고 있는 것을 발견했을 때, You're busted! '너 딱 걸렸어!'라고 외쳐 보세요.

요즘 영어로 말해보자! //   10-2.mp3

1 네가 내 쿠키 가져가는 거 다 봤어. 딱 걸렸어!
   I saw you take my cookie! _____ !

2 네가 뭐 하는지 다 봤어. 딱 걸렸어! I saw what you did. _____ !

정답   **1** You are busted **2** You are busted

LET THE BEAT DROP!

챈트로 오늘 배운 표현을 익혀보자. 비트주세요!

That's enough, That's enough

That's enough, That's enough

Save it, Save it

Save it, Save it

You are busted, You are busted

You are busted, You are busted

나 세 명의 남자에게 동시에 고백 받았어.

Three boys told me they are in love

with me today.

이제 그만해!

That's enough!

헐! 나 복권 당첨됐어!

I won the lottery!

Can you believe it?

알겠어, 그만!

Save it!

내가 너 뭐 하는지 다 봤어.

너 딱 걸렸어!

I saw what you were doing.

You are busted!

비트에 맞춰 말해봐기

// Delish

음식이 '**맛있다**'라고 할 때 It's delicious. 또는 It tastes good.이라고만 하시나요? 이 표현들도 물론 사용하지만, 조금 더 **트렌디하게 표현**하고 싶다면 **delish**를 사용해 보세요.

This pasta is delish. 이 파스타 정말 맛있어.
Try one. They're delish! 한번 먹어봐. 정말 맛있어!

어떤 음식이 너무 맛있을 때 delish라고 하는데요. [딜리쉬]라고 발음해요. 예를 들어 쿠키가 너무 맛있으면 This cookie is delish. 딸기 주스가 맛있으면 This strawberry juice tastes delish.라고 하는 거죠. be 동사 대신 taste를 넣어 taste delish라고 해도 똑같은 의미예요. 뭔가가 너무 맛있을 때 이제 delicious 대신 delish 한번 사용해 보세요.

요즘 영어로 말해보자! //   11-1.mp3

1 이 케이크 정말 맛있다!   This cake is absolutely _____!

2 이 치킨 정말 맛있어 보여.   This chicken looks _____.

정답   **1** delish **2** delish

// Hangry

hangry는 어떤 단어를 합쳐 만든 신조어일까요? 바로 hungry(배고픈)와 angry(화난)의 합성어예요. '**배가 고파서 화가 나다**'라는 뜻인데요. 동서양을 막론하고 배고픔은 화를 부르나 봐요. 배가 너무 고파서 짜증이 날 때 이렇게 말할 수 있어요.

I'm hangry. 나 배고파서 짜증나.

I'm getting hangry. I have to eat right now.

나 배고파서 짜증 나려고 해. 당장 뭘 먹어야겠어.

I'm getting은 '점점 어떤 상태가 되다'라는 뜻이에요. 이 문장에서는 배고파서 점점 짜증 나려고 한다는 의미가 돼요. 그런데 배고플 때는 정말 쉽게 예민해지죠? 배고파서 별일이 아닌 일로 친구에게 화를 냈다면 이렇게 사과해보세요.

I'm sorry for what I said when I was hangry. 내가 배고파서 화났을 때 했던 말 미안해.

hangry 할 때는 주변 사람들에게 화내지 말고, 얼른 맛있는 걸 먹도록 해요.

11-2.mp3

요즘 영어로 말해보자! //

1 나 배고파서 짜증 나기 시작했어.

I'm starting to get really _____.

2 나 배고파서 화나기 전에 뭐 좀 먹자.

Let's eat before I get _____.

정답 **1** hangry **2** hangry

042

// Crave

밤에 야식이 너무 먹고 싶다든가 갑자기 뭔가가 너무너무 먹고 싶을 때가 있죠? **crave**는 **어떤 음식이 너무 '당길 때'** 쓰는 표현이에요. 지금 배가 너무 고파서 어떤 음식이 무진장 먹고 싶다면 'I am craving 음식 이름'이라고 말하면 돼요. '나 지금 ~가 먹고 싶어'라는 의미가 돼요.

I am craving pepperoni pizza.

나 페퍼로니 피자가 너무 먹고 싶어.

I crave coke whenever I eat pizza.

난 피자 먹을 때마다 콜라가 너무 먹고 싶어.

음식뿐만 아니라 뭔가를 간절히 바랄 때도 crave를 쓸 수 있어요. 예를 들어 마음에 쏙 드는 옷을 발견했을 때 이렇게 말하는 거죠.

I am craving that dress!

나는 저 드레스가 너무 갖고 싶어!

어떤 음식이 너무 먹고 싶다거나 무언가를 몹시 원하고 갈망할 때 crave 한번 사용해보세요.

요즘 영어로 말해보자! //

1 엄마가 해준 음식이 너무 먹고 싶어.

I am _____ my mom's food.

2 나 저 바지가 너무 갖고 싶어. I'm _____ that pants.

정답 **1** craving **2** craving

LET THE BEAT DROP!

챈트로 오늘 배운 표현을 익혀보자. 비트주세요!

It's delish, It's delish

It's delish, It's delish

이 파스타 완전 맛있어.

This pasta is delish.

이 쿠키 완전 맛있다.

This cookie is delish.

I'm hangry, I'm hangry

I'm hangry, I'm hangry

나 배고파서 짜증나려고 해.

당장 뭘 먹어야겠어.

I'm getting hangry.

I have to eat right now.

내 생각에 엄마 배고파서 화났어.

오늘 아침 8시 이후로 안 먹었거든.

I think mom's hangry.

Mom didn't eat anything since 8 am today.

I crave, I crave

I crave, I crave

나 페퍼로니 피자가 너무 먹고 싶어.

I am craving pepperoni pizza.

여러분의 관심을 너무 갖고 싶어요.

I am craving your support.

비트에 맞춰 말해보기

Dad jokes, Okay boomer

오디오 클립 듣기

// Dad jokes

Dad jokes는 직역하면 '아빠의 농담'인데요. 우리로 치면 '**아재 개그**'를 말해요. 아재 개그처럼 **유치한 말장난**을 아빠들이 많이 해서 생긴 표현이에요.

A : **What do you call a Mexican who has lost his car?** 차를 잃어버린 멕시코인을 부르는 말은?
Carlos! 카를로스!

B : **That's such a dad joke!** 그거 정말 아재 개그야!

'차를 잃다'라는 의미의 'car을 loss'한다는 발음이 멕시코에서 흔한 이름인 '카를로스'와 비슷한 데서 기인한 유머예요. 친구가 이런 재미없는 아재 개그를 한다면 이렇게 외치세요. Stop dad joking! (아재 개그 그만해!)

요즘 영어로 말해보자! //
12-1.mp3

1 그 사람은 자기가 재미있다고 생각하는데, 항상 아재 개그만 해.

He thinks he is funny, but he always just says _____.

2 너 하나도 안 웃겨. 아재 개그 그만해. You are not funny! Stop _____.

정답 1 dad jokes 2 dad joking

// Okay boomer

okay는 '알았다'는 뜻이고, boomer는 '베이비붐 시대에 태어난 사람들'을 말해요. 쉽게 말해 **Okay boomer**는 나이를 빌미로 권위적인 말이나 행동을 하는 일명 '꼰대'에게 하는 말이에요. 가끔 어른들이 "라떼는 말이야~(나 때는 말이야~)"라고 하면서 가르치려 할 때가 있잖아요. **원치 않는 조언이나 잔소리를 흘려들으며 "네네~ 알겠어요."**라고 할 때 이렇게 말할 수 있어요.

Okay boomer.   네네~ 알겠어요.

이 단어는 뉘앙스를 잘 살리셔야 해요. 착하게 Okay boomer라고 하면 안 되고 약간 빈정거리듯이 말하는 게 포인트예요.

A : **Students look the best with natural black hair.**   학생은 검은 머리가 제일 잘 어울려.

B : **Okay boomer.**   네네~ 알겠어요.

주의해야할 점은 이 표현을 농담을 할 만큼 가까운 어른들에게 주로 쓴다는 거예요. 무분별하게 썼다가는 버릇없다고 혼날 수 있으니 상황에 맞게 조심해서 쓰세요.

요즘 영어로 말해보자! //━━━━━━━━━━━━━━━━━━━━━ 12-2.mp3

1 A : 학생들이 무슨 화장이야. Students shouldn't wear make-up.
　 B : 네네~ 알겠어요. ＿＿＿＿＿＿＿＿＿!

2 A : 학생이면 공부를 해야지. You should study, if you are a student.
　 B : 네네~ 알겠어요. ＿＿＿＿＿＿＿＿＿.

정답　**1** Okay boomer **2** Okay boomer

LET THE BEAT DROP!

챈트로 오늘 배운 표현을 익혀보자. 비트주세요!

Dad joke, Dad joke

Dad joke, Dad joke

아재 개그 그만해.

Stop dad joking.

아재 개그 금지.

No dad jokes allowed.

난 은근 아재 개그 좋더라.

I kind of enjoy dad jokes.

Okay boomer, Okay boomer

Okay boomer, Okay boomer

고3이면 공부를 해야지.

You should be studying now,

if you are 고3.

뉘예뉘예.

Okay boomer.

학생은 검은 머리가 잘 어울려.

Students look best

with their natural black hair.

뉘예뉘예.

Okay boomer.

비트에 맞춰 말해보기

DAY 13

Got your back, Rooting for, You'll kill it,

오디오 클립 듣기

// Got your back

누군가를 지지하고 응원할 때 쓸 수 있는 표현을 배워 볼게요. **got your back**은 너의 뒤에 내가 있다는 뜻인데요. 누군가가 내 뒤에 있다고 생각하니 참 든든하죠? 한마디로 이 표현은 '**힘이 되어줄게**', '**도와줄게**', '**너를 응원해**'라는 의미예요.

I got your back. Don't worry.

내가 네 뒤에 있어. 걱정하지 마.

You need help with the test?

I got your back.   시험공부 도움이 필요해? 내가 도와줄게.

got your back은 기꺼이 도와주고 지지해 준다는 표현이에요. 저도 항상 여러분 뒤에 있을게요. 선호가 여러분을 응원합니다! Sunho got your back, everyone!

요즘 영어로 말해보자! //

13-1.mp3

1 걱정 마, 네 뒤엔 항상 내가 있어. Don't worry, I always _____.

2 네가 내 편이니까 난 두렵지 않아.

   I'm not scared because you _____.

정답   **1** got your back **2** got my back

// Rooting for

rooting for 역시 **누군가를 응원할 때** 쓸 수 있는 표현이에요. root는 명사로 쓰면 '뿌리', 동사로 쓰면 '(식물이) 뿌리를 내리다'라는 뜻인데요. 의미가 확장돼서 '**~을 지지하다**', '**응원하다**'라는 뜻이 되었어요.

I will be rooting for you no matter what.

무슨 일이 있어도 난 너를 응원할 거야.

축구나 야구 같은 스포츠 경기는 응원하는 팀이 따로 있는 경우가 많은데요. rooting for는 특정 팀을 응원할 때도 많이 쓰여요. 예를 들어 친구가 "너 누구 응원해?"라고 물으면 이렇게 대답하는 거죠.

I am rooting for Team Korea. 나는 한국팀을 응원해.
I am rooting for Juventus. 나는 유벤투스를 응원해.

참고로 team은 국가명 앞에는 붙지만, 팀 이름 앞뒤로는 사용하지 않아요. Team Juventus가 아니고 그냥 Juventus인 거죠. 또 우리말로는 '한국 팀', '미국 팀'이라고 하지만 영어로는 Team Korea, Team U.S.A 이렇게 team을 먼저 쓴다는 점 기억해주세요.

요즘 영어로 말해보자! //————————————— 13-2.mp3

1 우리가 널 응원하고 있어. We're _____ you.

2 그녀가 자신의 지역팀을 응원하고 있어.

She's _____ the home team.

정답 **1** rooting for **2** rooting for

// You'll kill it

You'll kill it! 직역하면 '넌 그걸 죽일 거야!'인데요. 그런 무서운 의미가 아니고요. 우리도 중요한 일을 앞둔 친구에게 '**다 끝내버려**'라는 격한 응원을 할 때가 있잖아요. 영어로 하면 You'll kill it인 거죠. will 대신 be going to를 사용해도 돼요.

You'll kill it! / You're **gonna** kill it! 다 끝내버려!

여기서 gonna는 going to의 줄임말로 주로 말할 때 많이 사용하는 표현이에요. 이번에는 친구가 시험 때문에 불안해하고 있어요. 힘이 나도록 이렇게 격려해 주세요.

A : **I'm so nervous about the test.**

　　　나 시험 때문에 떨려.

B : **You'll kill it! Don't worry.**

　　　넌 아주 잘할 거야! 걱정하지 마.

참고로 이 표현을 과거형으로 쓰면 칭찬하는 표현이 돼요. 친구가 걱정하던 발표를 잘 끝냈을 때 '정말 잘했어', '끝내줬어'라고 칭찬해주고 싶다면 이렇게 말하는 거죠. You killed it. (정말 끝내줬어.)

요즘 영어로 말해보자! //

13-3.mp3

1 난 네가 공부 많이 한 거 알아. 넌 잘할 거야!

　I know you studied a lot. ＿＿＿＿＿＿＿＿＿＿＿!

2 걔는 잘 해낼 거야! He's gonna ＿＿＿＿＿＿＿＿＿＿＿!

정답　**1** You will kill it **2** kill it

LET THE BEAT DROP!

챈트로 오늘 배운 표현을 익혀보자. 비트주세요!

Got your back

Got your back

Got your back

Got your back

Got your back

Got your back

네 뒤엔 내가 있어. 걱정 마.

I got your back. Don't worry.

선호가 항상 여러분 뒤에 있어요.

Sunho got your back, everyone.

Rooting for, Rooting for

Rooting for, Rooting for

무슨 상황이든지 난 널 응원해.

I will be rooting for you no matter what.

난 한국팀을 응원해.

I am rooting for Team Korea.

You'll kill it, You'll kill it

You'll kill it, You'll kill it

잘할 거야! 걱정 마.

You'll kill it! Don't worry.

비트에 맞춰 말해보기

// JK

JK는 무슨 뜻일까요? 바로 **Just kidding(농담이야)**의 줄임말이에요. 요즘은 Just kidding 대신 짧게 JK라고도 하는데요. [제이케이]라고 읽으면 돼요. JK는 일상 생활에서도 쓰긴 하지만, 주로 채팅이나 SNS를 할 때 더 많이 쓰여요.

A : **I stopped fangirling Sunho.**

나 선호 덕질 그만뒀어.

B : **Seriously?** 진심이야?

A : **JK.** 농담이지.

누군가를 놀리고 나서 '장난이야', '농담이야'라고 말할 때 JK를 써요. 농담이 지나치면 상대가 기분 나빠할 수 있으니, 즐거운 분위기에서만 JK 사용해 주세요.

요즘 영어로 말해보자! //

14-1.mp3

1 너 오늘 못생겼다. 농담이야! **You look ugly today. _____!**

2 오늘 수업 취소됐어. 농담이야. **Today's class got cancelled. _____.**

정답 **1** JK **2** JK

052

// Crack up

정말 웃긴 이야기를 들었을 때 '**빵 터졌다**'라고 하죠? 영어로 하면 **crack up**이에요. crack은 원래 '깨지다', '금이 가다'라는 뜻인데요. 우리는 웃기면 터졌다고 하는데 영어로는 깨졌다고 표현하나 봐요.

I cracked up really hard. 나 완전 빵 터졌어.
She cracked up immediately. 그녀는 바로 빵 터졌어.

한마디로 crack up은 누군가를 몹시 웃기거나 한바탕 웃게 만든다는 의미예요. 이때 누군가를 웃게 만들었다면 crack up 사이에 그 대상을 넣어주면 돼요. 너를 웃게 했다면 crack you up, 그녀라면 crack her up, 그들이라면 crack them up이 되는 거죠.

You crack me up. 너 때문에 나 빵 터졌어.
This picture cracked me up.
이 사진 때문에 나 빵 터졌어.

뭔가가 너무 재미있어서 빵 터졌을 때 crack up 한번 사용해 보세요.

요즘 영어로 말해보자! //

14-2.mp3

1 이 유튜브 영상이 그녀를 빵 터지게 했어.
  This Youtube video _____.

2 그녀의 농담에 나 완전 빵 터졌어. Her jokes really _____.

정답 **1** cracked her up **2** crack me up

LET THE BEAT DROP!

챈트로 오늘 배운 표현을 익혀보자. 비트주세요!

JK, JK, JK

JK, JK, JK

Gotta make it short.

Just kidding.

JK, JK, JK

네 옷에 뭘 묻혔어.

I got something on your clothes.

농담이야.

JK JK.

나 하선호 탈덕했어.

I stopped fangirling Sunho.

그 말 안 믿어.

I don't buy it.

I don't buy it.

Crack up, Crack up, Crack up

Crack up, Crack up, Crack up

나 완전 빵 터졌어.

I cracked up really hard.

그 사진이 나를 빵 터지게 했어.

This picture cracked me up.

비트에 맞춰 말해보기

DAY 15

Nail it, Get the bread

오디오 클립 듣기

// Nail it

흔히 nail이라고 하면 '손톱'이 가장 먼저 떠오르는데요. **nail it**은 손톱과 관계없이 **'고민하지 말고 일단 해 봐'**라는 의미예요. 예를 들어 친구가 뭔가를 할지 말지 고민하고 있다면 이렇게 말할 수 있어요.

Nail it, girl! 야, 고민하지 말고 한번 해 봐!

Stop thinking and just nail it.

그만 생각하고 일단 해 봐.

nail it은 무언가를 해보라고 할 때도 쓰지만, **'성공하다'**, **'해내다'**라는 의미도 있어요. 예를 들어 좋아하는 스포츠팀이 경기에서 이겼다면 They nailed it! '그들이 해냈어!'라고 하는 거죠. 맡은 일을 성공적으로 해냈을 때 '내가 해냈어'라고 꼭 말해보세요. I nailed it!

요즘 영어로 말해보자! //

15-1.mp3

1 그만 걱정하고 그냥 해 봐. Stop worrying and just _____.

2 보고서 작성하느라 수고했어. 완전 잘 했던데!
Great work on the report. You _____!

정답 **1** nail it **2** nailed it

// Get the bread

get the bread라니 빵을 가져오라는 의미일까요? bread는 돈뭉치라는 의미로 사용되기도 하는데요. 돈이 많으면 빵처럼 두꺼워 보이잖아요. 그래서 '금전적으로 성공하다'라는 뜻으로 **get the bread**가 쓰이는데, 요즘은 금전적인 성공 외에도 무언가를 '**해내다**'라고 할 때 이 표현을 많이 사용해요.

Let's get this bread! 우리 꼭 해내자!

우리는 주로 응원할 때 '파이팅'이라고 많이 하는데, 실제로는 잘 쓰지 않는 영어 표현이예요. 앞으로는 Let's get this bread! 한번 사용해 보세요. 그뿐만 아니라 get the bread는 아침 인사로도 쓰기 좋아요. 등교하거나 출근했을 때 친구나 동료를 만나면 이렇게 말하는 거죠.

Good morning y'all, Let's get this bread!

다들 좋은 아침! 오늘도 잘해보자!

Work hard so we can get the bread!

우리 성공할 수 있도록 열심히 하자!

참고로 y'all은 you all의 줄임말로 '너희 모두'라는 의미예요. 그리고 get the bread, get this bread 모두 같은 의미랍니다. 우리 모두 Let's get the bread!

요즘 영어로 말해보자! //━━━━━━━━━━━━━━━━━━ 15-1.mp3

1 행복한 월요일이야. 열심히 해보자! Happy Monday. Let's _____ !

2 모두 일어나. 오늘도 잘해보자! Wake up everyone. Let's _____ !

정답 **1** get the bread **2** get this bread

LET THE BEAT DROP!

챈트로 오늘 배운 표현을 익혀보자. 비트주세요!

Nail it, Nail it

Nail it, Nail it

그냥 해버려!

Nail it, girl!

Nail it dude!

Nail it, bruh!

고민은 그만하고 그냥 해.

Stop thinking and just nail it.

와, 이게 믿겨?

걔네가 이겼어!

Can you believe it?

They nailed it!

나 해냈어!

I nailed it!

Get the bread, Get the bread

Get the bread, Get the bread

우리 잘해보자! 꼭 해내자!

Let's get this bread!

다들 좋은 아침! 우리 오늘도 잘해보자!

Good morning y'all, Let's get this bread!

성공할 수 있도록 열심히 해!

Work hard so you can get the bread!

비트에 맞춰 말해보기

DAY 16
Drama, Have a beef

오디오 클립 듣기

// Drama

관심을 유발하려고 말이나 행동을 과장되게 하는 사람들이 있죠? 누군가 **정도가 지나치게 행동할 때** '오버'한다고 말하는데요. 영어로는 **drama**라고 해요. 아무래도 드라마가 과장이 심하다 보니 이런 뜻으로 사용이 되는 것 같아요. 예를 들어 친구가 너무 오버 할 때, 좀 과할 때 이렇게 말할 수 있어요.

Stop the drama, please. 오버 좀 그만해.
I'm tired of your drama. 너 그렇게 오버하는 거 지겨워.

여기서 잠깐! 사실 '오버'라는 말이 콩글리시인 거 아시나요? overaction(과장된 행동)이라는 단어를 짧게 줄여서 잘못 사용되고 있는 표현이에요. 별것 아닌 일에도 과장되게 행동하는 사람이 있다면, 오버대신 Stop the drama! 한번 사용해 보세요.

요즘 영어로 말해보자! //   16-1.mp3

1 넌 진짜 과장 하나는 최고야. You are such a _____ queen.

2 우리가 너무 오버해서 다툰 거 같아. 다 잊자!
Let's forget about the _____ we had.

정답   **1** drama **2** drama

058

// Have a beef

beef는 '소고기'라는 뜻 외에도 '불평', '싸움'이라는 뜻이 있어요. 그래서 **have a beef**라고 하면 '**싸우다**', '**다투다**', '**사이가 좋지 않다**'라는 의미가 돼요. 왜 beef를 싸움이라는 뜻으로 사용하는지 확실히 알려져 있진 않지만, 아주 오래전부터 사용하던 표현이에요.

I had a beef with my friend today.

나 오늘 친구랑 싸웠어.

I'm going to have a beef with him.

나 걔랑 싸울 거야.

과거형으로 말할 때는 have를 had로, 미래에 싸울 거라고 말한다면 be going to를 붙이면 되겠죠? 이번에는 친한 친구들을 만났는데 두 친구 사이에서 찬바람이 쌩쌩 부는 게 느껴져요. 그때 이렇게 물어볼 수 있어요.

Do you guys have a beef? 둘이 혹시 싸웠어?

누군가와 싸우거나 사이가 안 좋을 때 have a beef라고 한다는 점 기억해 주세요.

요즘 영어로 말해보자! //—————————————————— 16-2.mp3

1 나 걔네랑 싸우고 싶지 않아. I don't want to _____ with them.

2 잭이랑 노아가 싸웠나 봐.
It looks like Jack and Noah are _____.

정답 **1** have a beef **2** having a beef

LET THE BEAT DROP!

챈트로 오늘 배운 표현을 익혀보자. 비트주세요!

Drama, Drama, Stop the drama!

Drama, Drama, Stop the drama!

오버 좀 그만해!

Stop the drama, please!

네가 그렇게 과장되게 행동하는 거 진짜 피곤해.

I'm tired of your drama.

넌 진짜 과장은 최고야!

오버는 최고야!

You are such a drama queen!

그렇게 싸울 게 아닌데

우리가 너무 오버해서 다툰 것 같아. 다 잊자.

Let's forget about the drama we had.

Have a beef, Have a beef

Have a beef, Have a beef

나 오늘 친구랑 싸웠잖아.

I had a beef with my friend today.

나 걔랑 싸울 거야.

더 이상 못 참아.

I'm going to have a beef with him.

I can't stand it anymore.

둘이 혹시 무슨 일 있었어? 싸웠어?

Do you guys have a beef between each other?

비트에 맞춰 말해보기

Crush, Play it cool

오디오 클립 듣기

// Crush

누군가에게 한눈에 반하거나, 사랑에 푹 빠진 경험 누구나 한 번쯤 있을 거예요. **crush**는 **누군가에게 반했을 때** 쓸 수 있는 표현이에요. 주로 have a crush on 뒤에 내가 반한 상대를 붙여서 표현해요.

I have a crush on you. 나 너한테 반했어.

Do you have a crush on her? 너 쟤한테 반했어?

누군가에게 반했을 때에도 crush를 쓰지만, **내가 반한 상대**를 crush라고도 해요. 예를 들어 '네가 처음 반한 사람이 누구야? 첫사랑이 누구야?'라고 이렇게 물을 수 있어요. Who is your first crush? 여기서 crush는 내가 반한 상대를 의미해요. crush 아주 설레고 기분 좋은 표현이죠? 누군가에게 반했을 때 crush 한번 사용해 보세요.

요즘 영어로 말해보자! //━━━━━━━━━━━━━━━━━━━━━ 17-1.mp3

1 그가 내 첫사랑이야. He is my first _____.

2 저 남자애 선호한테 빠져 있어.

That boy has a _____ on Sunho.

정답 **1** crush **2** crush

// Play it cool

누군가를 좋아하면서 아무렇지 않은 척 마음을 숨길 때 우리도 '쿨하다'라고 하죠? 영어로는 play it cool이라고 해요. **play it cool**은 '**쿨한 척하다**', '**아무렇지 않은 척하다**', '**티내지 않다**'라는 의미예요. 예를 들어 친구가 썸녀에게 답장할 시간도 주지 않고 연락을 한다면, 친구를 진정시키며 이렇게 말할 수 있어요.

> A : **Play it cool, you called her twice already.** 너무 티 내지 마, 너 벌써 걔한테 2번이나 전화했잖아.
>
> B : **I can't play it cool.** 난 티 안 내는 거 못해.

친구는 상대가 너무 좋아서 마음을 못 숨기겠나 봐요. '할 수 없다'라는 의미를 나타내는 can't를 넣어 can't play it cool, '티 안내는 거 못해'라고 하네요. 하지만 아무 감정 없는 척, 침착하게 마음을 잘 숨기는 사람도 있죠?

I'm just tryna play it cool now.

나 지금 아무 감정 없는 척하려 애쓰고 있어.

tryna는 trying to(~을 하려고 노력하다)의 줄임말로 [트라이나]라고 발음해요. 내 마음을 누군가에게 숨기고 쿨 한 척 할 때 play it cool을 쓴다는 점 기억해 주세요.

17-2.mp3

요즘 영어로 말해보자! //

1 평소처럼 행동해. 티 내지 말고. Act normal. Just _____.

2 넌 쿨한 척하는 법을 배워야 해. You must learn to _____.

정답 **1** play it cool **2** play it cool

LET THE BEAT DROP!

챈트로 오늘 배운 표현을 익혀보자. 비트주세요!

Crush, Crush, Crush on you

Crush, Crush, Crush on you

네가 나한테 반했을 수도 있잖아.

I could be your crush.

어릴 때 좋아했던 사람은 누구야?

Who was your biggest childhood crush?

나 선호한테 반한 것 같아.

I think I have a crush on Sunho.

나 사실 예전에 너 좋아했었어.

I used to have a crush on you.

Play it cool, Play it cool, Play it cool

조금 마음을 숨겨봐! 너무 티 내지 마!

Play it cool!

나 지금 티 안 내려고 노력 중이야.

I'm just tryna play it cool now.

나 티 안 내는 거 못해.

나 솔직해질래.

I can't play it cool.

I am going to be honest.

비트에 맞춰 말해보기

Couch potato, JOMO

오디오 클립 듣기

// Couch potato

couch potato는 **집에서 하루 종일 TV만 보는 게으른 사람**을 가리키는 표현이에
요. 소파를 영어로 sofa라고도 하지만 couch를 훨씬 더 많이 쓰거든요. potato는 소
파에 쪼그리고 앉아 TV만 보는 사람의 형상이 '감자' 같다고 하여 희화화한 거예요.

Stop being a couch potato!

집에서 그만 뒹굴뒹굴해!

집에서 뒹굴뒹굴하며 하루 종일 TV만 볼 때 부모님에게 이렇게 한 소리 듣기 쉽죠?
하지만 소파에 널브러져 TV를 보는 게 삶의 낙일 때 I love being a couch potato.
라고 말할 수 있어요. '난 뒹굴뒹굴하는 게 너무 좋아.'라는 뜻이에요. 소파와 한 몸이
되어 뒹굴뒹굴하는 게으른 사람이 있다면 couch potato라고 불러보세요.

요즘 영어로 말해보자! //   18-1.mp3

1 하루 종일 TV만 보지 마! **Don't be a** _____!

2 집에서 그만 뒹굴뒹굴하고 밖에 나가자!

Stop being such a _____ **and let's go out!**

정답   **1** couch potato **2** couch potato

// JOMO

JOMO가 뭘까요? [조모]라고 읽는데요. **Joy Of Missing Out**. '**참여하지 않는 것의 기쁨**'이라는 뜻이에요. 쉽게 말해 어디에 참여하거나 끼지 않아도 기쁘다는 표현이에요. 집순이, 집돌이의 행복 같은 거죠. 주말에 누굴 만나거나 어디를 가지 않고 혼자 즐겁게 시간을 보냈다면 이렇게 말할 수 있어요.

I was enjoying a pure JOMO.

나 진정한 집순이 생활을 누렸어.

JOMO는 감탄사로도 쓸 수 있는데요. 단독으로 쓰여서 '집에만 있는 게 얼마나 재밌는데!'라는 느낌으로 이야기할 수 있어요. 예를 들어 "친구가 어제 왜 파티에 안 왔어?"라고 묻는다면 이렇게 대답하는 거죠.

I was watching a movie. JOMO!

나 영화 보고 있었어. 집순이 생활 꿀잼!

집순이, 집돌이 생활을 즐긴다면 JOMO 한번 사용해 보세요.

요즘 영어로 말해보자! //

18-2.mp3

1 요즘 매일 파티했잖아. 이제 집에서 좀 쉬어야겠어.

We've been partying hard every day. I need some _____.

2 주말 내내 집에서 뒹굴뒹굴했어. 집순이 생활 꿀잼!

I spent the whole weekend being a couch potato. _____!

정답 **1** JOMO **2** JOMO

LET THE BEAT DROP!

챈트로 오늘 배운 표현을 익혀보자. 비트주세요!

Couch potato, Couch potato

Couch potato, Couch potato

집에서 그만 뒹굴뒹굴해!

왜 이렇게 게을러!

Stop being a couch potato!

나는 집에서 뒹굴뒹굴하는 게 너무 좋다.

I love being a couch potato.

나 집에서 뒹굴뒹굴거리는 중이야.

I am being a couch potato right now.

Joy Of Missing Out, JOMO

Joy Of Missing Out, JOMO

주말에 뭐 했어?

How was your weekend?

나 진정한 집순이 생활을 누렸어.

I was enjoying a pure JOMO.

왜 어제 파티에 안 왔어?

Why didn't you come to the party last night?

나 어제 집에서 영화 보고 있었어. 조모!

I was watching a movie. JOMO!

비트에 맞춰 말해보기

DAY 19 Hit me up, Ghost

오디오 클립 듣기

// Hit me up

Hit me up은 나를 때려달라는 이상한 뜻이 아니고요. '**연락해**'라는 의미예요. 조금 오래된 표현이지만 우리도 전화 때리라고 할 때가 있잖아요. 비슷한 느낌이에요. 예를 들어 단톡방에서 팀원을 모집한다면 이렇게 말할 수 있어요.

Hit me up if you are interested!

관심 있으면 연락 주세요!

반대로 '내가 연락할게'라고 말하고 싶을 때는 I'll hit you up. 이라고 해요. Hit me up은 특히 채팅이나 메시지를 주고받을 때 HMU라고 줄여서 많이 쓰는데요. 앞으로 '연락해'라고 말하고 싶을 때 Call me.(전화해), Text me.(문자해) 대신 Hit me up, HMU 한번 써 보세요.

요즘 영어로 말해보자! //

19-1.mp3

1 시간 있을 때 언제든 나에게 연락해.

_____ whenever you are free.

2 내일 아무 계획 없으면 연락해.

If you don't have any plans tomorrow, _____.

정답 **1** Hit me up **2** hit me up

// Ghost

귀신이나 유령을 ghost라고 하는데요. **누군가와 연락이 안 될 때**도 **ghost**라고 해요. 유령처럼 사라졌다고 생각해서 이 표현이 나온 것 같아요. 전화나 문자를 모두 읽씹당했을 때 이 표현을 쓸 수 있어요. 예를 들어 썸녀에게 처음에는 연락이 자주 오다가 어느 순간 연락이 뚝 끊겼을 때 이렇게 말할 수 있어요.

She's ghosting on me. 그녀가 연락이 안 돼.

이 문장은 한마디로 그녀가 내 연락을 계속 피한다는 뜻이에요. 'A가 B의 연락을 피하다'라고 할 때 A is ghosting on B.라고 표현하거든요. 여기서 on은 생략이 가능해요. 이번에는 연락을 계속 안 받던 친구를 길에서 딱 마주쳤어요. 그때 이렇게 말할 수 있어요.

Why were you ghosting on me?

너 왜 내 연락 피했어?

연락이나 카톡을 읽지 않고 무시한다는 의미로 ignore도 사용 가능하지만, 오늘 배운 ghost도 한번 사용해 보세요.

19-2.mp3

요즘 영어로 말해보자! //

1 네가 걔 연락 안 받고 있다고 들었어. I heard you are ________________ him.

2 연락 그만 무시하고 걔한테 답장해.

Please stop ________________ and reply to her message.

정답 **1** ghosting (on) **2** ghosting

be about to는 '막 ~하려는 참이다'라는 가까운 미래의 계획을 나타내는 표현이에요.

LET THE BEAT DROP!

챈트로 오늘 배운 표현을 익혀보자. 비트주세요!

Hit me up, Hit me up, Hit me up

Hit me up, Hit me up, Hit me up

팀원을 모집하는데 관심 있는 사람은 편하게 연락 주세요!

HMU if you are interested!

앞으로 시간 있을 때 언제든 연락해!

Hit me up whenever you are free!

Ghost, Ghost

Ghost, Ghost

너 왜 내 연락 피해?

Why were you ghosting me?

걔 너한테 사과하고 싶대.

연락 피하지 말고 받아 줘.

She wants to apologize.

Please stop ghosting

and reply to her message.

너 걔 연락 피한다며.

걔랑 싸웠어?

I heard you are ghosting her.

Did you have a beef with her?

TBH, IDK, FYI, LMK

오디오 클립 듣기

// TBH

오늘은 줄임말 몇 가지를 알아볼게요. 첫 번째 표현은 TBH입니다. **TBH**는 **To Be Honest**, '**솔직히 말해서**'라는 뜻이에요.

TBH, I want to go home right now.

솔직히 말해서, 지금 집에 너무 집에 가고 싶어.

TBH, it is the worst food I've ever eaten.

솔직히 말해서, 내가 먹은 것 중에 최악이야.

친구와 채팅을 하거나 SNS를 하다 보면 단어나 문장을 짧게 줄여 쓰게 되는데요. 친구에게 솔직한 마음을 전달할 때 TBH를 써서 한번 표현해 보세요.

요즘 영어로 말해보자! //

20-1.mp3

1 솔직히 말해서 내가 읽은 책 중에서 최악이었어.

_____, it was one of the worst books I've ever read.

2 솔직히 너 요즘 선호한테 푹 빠졌잖아.

_____, you are super into Sunho these days.

정답　**1** TBH **2** TBH

// IDK

누군가 나에게 질문을 했는데 잘 모르겠을 때 "몰라"라고 하죠? **IDK**는 **I don't know**의 줄임말로 '**나도 몰라**', '**잘 모르겠어**'라는 뜻이에요.

A : **Do you know when the class starts?**

수업 언제 시작 하는지 알아?

B : **IDK.** 나도 몰라.

모른다고 말하고 싶을 때 짧게 IDK만 보내면 '몰라'라는 의미가 돼요. 친구들과 채팅할 때 많이 쓸 수 있는 표현이랍니다.

// FYI

FYI는 **For Your Information**의 줄임말로 직역하면 '너의 정보를 위해서'라는 뜻이에요. 주로 '**네가 알아야 할 것 같아서**', '**그냥 알아두라고**'라고 말할 때 자주 쓰여요. 예를 들어 내일 수업이 1시간 늦게 시작한다고 선생님께서 알려주셨는데 친구가 못 들었을 때 이렇게 문자를 보내는 거죠.

FYI, the class will start an hour later than usual tomorrow.

네가 알아야 할 거 같아서, 내일 수업 1시간 늦게 시작한대.

FYI는 상대가 꼭 알아야 할 정보를 말해줄 때 쓰기 좋은 표현이에요. 회사에서 업무 관련 메일을 주고받을 때 참고하라는 의미로도 자주 사용된답니다.

// LMK

마지막 표현은 LMK예요. **LMK**는 무슨 뜻일까요? 바로 **Let Me Know**의 줄임말로 '**나한테 알려줘**'라는 의미예요. 무언가를 나에게 알려달라고 할 때 언제든지 쓸 수 있는 표현이에요.

LMK **when you arrive.** 도착하면 알려줘.
LMK **if you're interested.** 관심 있으면 알려줘.

LMK는 '나'한테 알려달라고 말할 때 사용하는 표현이기 때문에 목적어가 me 일 때만 사용해야 해요. 이번에는 친구가 오늘 파티에 갈 거냐고 연락이 왔어요. 스케줄을 확인해 봐야 한다고 하니 이렇게 답장이 오네요.

LMK **if you wanna come.** 오고 싶으면 말해줘.

우리말도 줄임말이 끊임없이 생기듯 영어도 만만치 않은 것 같아요. 오늘 배운 TBH, IDK, FYI, LMK는 채팅이나 SNS에서 자주 쓰이는 표현들이에요. 말을 편하게 해도 되는 가까운 사이에서만 온라인상에서 사용해 주세요.

20-2.mp3

요즘 영어로 말해보자! //

1 A : 선호 어딨어? Where is Sunho? B : 나도 몰라. _____ .

2 네가 알아야 할 거 같아서, 오늘 오전에 우리 미팅 있어.

_____ , we have a meeting this morning.

3 그거 알게 되면 나한테도 좀 알려 줘.

_____ when you find that out.

정답 **1** IDK **2** FYI **3** LMK

LET THE BEAT DROP!

챈트로 오늘 배운 표현을 익혀보자. 비트주세요!

TBH

To Be Honest

IDK

I Don't Know

FYI

For Your Information

LMK

Let Me Know

솔직히 말해서, 너 요즘 선호한테 푹 빠졌잖아.

TBH, you are super into Sunho these days.

너 언제 수업 시작 하는지 알아?

Do you know when the class starts?

몰라!

IDK!

네가 알아야 할 거 같아서, 걔네 둘이 만나.

FYI, they've been dating.

그거 알게 되면 나한테도 좀 알려 줘.

LMK when you find that out.

비트에 맞춰 말해보기

DAY 21 Sick of, Hyped about

오디오 클립 듣기

// Sick of

몸이 안 좋을 때 sick이라고 하면 아프다는 뜻인데요. 아프다는 의미와 상관없이 **sick of**라고 하면 **어떤 대상이 '질리다', '지긋지긋하다'**라는 의미가 돼요.

I am sick of your lies. 네 거짓말에 질렸어.

I am so sick of your drama. 너 오버하는 거 진짜 질려.

반대로 절대 안 질리는 것도 많죠? 그럴 때는 never get sick of를 넣어 '~이 안 질리다'라고 해요. 저는 치킨은 먹어도 먹어도 안 질리더라고요. I never get sick of chicken. 음식 말고도 무엇이든지 넣을 수 있어요. 여러분이 제 노래를 들어도 들어도 안 질리길 바랄게요. I hope you never get sick of my song. 뭔가가 너무 지긋지긋할 때 sick of, 반대로 절대 질리지 않을 때는 never get sick of 한번 사용해보세요.

21-1.mp3

요즘 영어로 말해보자! //

1 설거지는 진짜 지긋지긋해. I am so _____ washing dishes.

2 이 게임은 아무리 해도 안 질려. I never get _____ this game.

정답 **1** sick of **2** sick of

074

// Hyped about

무언가가 너무 신이 나거나 기대감으로 흥분될 때 excited라고 하는데요. 요즘은 hyped라고도 많이 해요. **hyped**는 어떤 것이 '**너무 기대되다**', '**신나다**'라는 뜻으로 극도로 흥분한 상태일 때 쓰는 표현이에요. 예를 들어 좋아하는 가수의 콘서트에 가는 날이 되었어요. 너무너무 기대되고 설렌다면 이렇게 말할 수 있어요.

I'm so hyped! I can't wait! 나 너무 신나! 못 참겠어!

hyped는 주로 신나는 것보다 더 들뜨고 흥분한 상태를 말해요. '무엇'에 신이 났는지 밝히려면 hyped 뒤에 about을 붙이면 돼요.

I'm really hyped about my new car!

내 새 자동차 너무 기대돼!

I'm so hyped about the party tomorrow!

내일 파티 너무 기대돼!

새로운 단어 하나만 알아도 감정을 더 풍부하게 표현할 수 있어요. 뭔가를 하기 전에 아주 신이 난다면 외치세요. I'm so hyped!

요즘 영어로 말해보자! //

22-2.mp3

1 나 너무 신나서 어젯밤에 잠을 잘 수 없었어.

I was so _____ that I couldn't sleep last night.

2 우리 여행 가는 거 너무 기대돼. I'm so _____ our trip.

정답 **1** hyped **2** hyped about

LET THE BEAT DROP!

챈트로 오늘 배운 표현을 익혀보자. 비트주세요!

Sick of, Sick of, Sick of

Sick of, Sick of, Sick of

너 오버하고 막 그러는 거 진짜 질렸어!

I'm so sick of your drama!

나는 떡볶이는 먹어도 먹어도 안 질리더라.

I never get sick of 떡볶이.

I never get sick of strawberry.

Hyped about, Hyped about

Hyped about, Hyped about

나 너무 신나!

I'm hyped!

너 되게 신나 보인다!

You look so hyped!

내 새로운 타이다이 옷 론칭하는 거 너무 신나!

I'm hyped about launching tie-dye clothing lines!

선호 새 앨범 나와서 정말 신나!

I'm hyped about Sunho releasing a new album!

비트에 맞춰 말해보기

DAY 22 — You do you, Stick with

오디오 클립 듣기

// You do you

마음에 드는 옷을 찾았는데, 다른 사람들이 이상하다고 할까 봐 살지 말지 고민한 적 있나요? 어떤 일을 할지 말지 망설인 적은요? 이렇게 다른 사람들의 눈치를 보느라 나답게 행동하지 못하는 사람에게 할 수 있는 표현이 있어요.

You do you! 눈치 보지 말고 하고 싶은 대로 해!

You do you는 '**눈치 보지 말고 네가 하고 싶은 대로 해**'라는 의미예요. You do you, Sunho! (선호, 네 맘대로 해!) 이렇게 뒤에 이름을 넣기도 해요. 그런데 이 표현은 간섭하지 말라는 의미로도 쓰여요. 예를 들어 누가 "너 왜 옷을 그렇게 입어? 다르게 입어봐."라고 참견하면 You do you, I do me. (너는 네가 싶은 대로 해. 나는 나대로 살 테니까.)라고 하는 거죠. 세트로 많이 사용되니 알아두시면 좋아요.

요즘 영어로 말해보자! //

22-1.mp3

1 다른 사람이 뭐라고 생각하든 신경 쓰지 마. 그냥 네가 하고 싶은 대로 해.

You shouldn't care about what others think. Just _____.

2 너 자신한테 집중하고 네가 하고 싶은 걸 해.

Just focus on yourself and _____.

정답 **1** you do you **2** you do you

077

// Stick with

stick with는 무언가에 달라붙는다는 뜻이 아니라 어떤 일을 '**인내하며 계속하다**', '**끝까지 고수하다**'라는 의미예요. 쉽게 말해 '나는 누가 뭐라 해도 이걸 계속할 거야', '포기하지 않고 계속할 거야'라고 할 때 stick with를 써요.

I am going to stick with rapping.
난 계속 랩을 하며 살 거야.

I am going to stick with my goal.
나는 내 꿈을 포기하지 않을 거야.

stick with는 거창하게 자신의 꿈이나 목표를 얘기할 때도 쓰지만, '난 ~를 할 거야' 라고 말할 때도 쓸 수 있어요. 예를 들어 음식점에 가서 항상 같은 메뉴만 시킨다면 이렇게 말하는 거죠.

I'll just stick with jajangmyeon.
난 그냥 짜장면 먹을래.

남의 눈치를 안 보고 내 소신대로 무언가를 할 때, 변함없이 하나의 행동이나 생각만 밀고 나갈 때 stick with를 쓴다는 점 기억해 주세요.

22-2.mp3

요즘 영어로 말해보자! //

1 포기하지 마! 네 꿈을 좇아가. Don't give up! _____ your dreams.

2 집중하고 계획대로 해. Pay attention and _____ the plan.

정답 **1** Stick with **2** stick with

LET THE BEAT DROP!

챈트로 오늘 배운 표현을 익혀보자. 비트주세요!

You do you, You do you

You do you, You do you

이거 사고 싶은데 다른 사람들이 이상하다고 하면 어떡하지?

I want to buy this but people might say it's weird.

네 마음대로 해! 왜 남 눈치를 봐!

You do you, girl!

너 왜 옷을 그렇게 입어? 다르게 입어봐.

That clothes you have on don't look nice.

Try different styles.

너는 너대로 살아. 나는 나대로 살 테니까.

You do you, I do me.

Stick with something

Stick, Stick with something

Stick with something

Stick, Stick with something

난 쭉 랩 하면서 살 거야. 난 랩 포기 안 할 거야.

I am going to stick with rapping.

나는 내 꿈을 포기하지 않을 거야.

I am going to stick with my goal.

난 짜장면으로 맘 굳혔어.

I'll just stick with 짜장면.

DAY 23 — For good, My bad, You're good

오디오 클립 듣기

// For good

for good은 무슨 의미일까요? 이 표현은 '좋은'이라는 의미의 good과는 전혀 관계 없이 **'영원히'**, **'영영'**이라는 뜻을 가지고 있어요.

Are you leaving Korea for good?

한국을 영영 떠나는 거야?

I'm quitting drinking for good. 나 술 영원히 끊을 거야.

for good은 '영원히'라는 뜻의 forever와는 약간의 차이가 있어요. 예를 들어 '너를 영원히 사랑해'라고 할 때 I love you forever.라고는 하지만, I love you for good. (너를 영영 사랑해.)이라고 하면 어색하거든요. for good이 '영원히'보다는 '영영'에 더 가까운 의미이기 때문이에요. 무언가를 영영 그만두거나, 영영 떠날 때 for good이 많이 쓰인다는 점 기억해 주세요.

요즘 영어로 말해보자! //

23-1.mp3

1 나 이제 담배 영원히 끊을 거야. I'm gonna quit smoking _____.

2 나 영영 떠나는 거 아니야. I won't be gone _____.

정답 **1** for good **2** for good

080

// My bad

누구나 실수를 할 때가 있어요. 무언가를 잘못했을 때는 빠르게 인정하고 사과를 하는 것이 좋은데요. **My bad**는 '**미안해**', '**내 잘못이야**'라는 의미로, **누군가에게 사과할 때** 쓸 수 있는 표현이에요. 예를 들어 실수로 친구의 전화를 못 받았다면 이렇게 말할 수 있어요.

My bad, I missed your call yesterday.

미안, 어제 네 전화 못 받았어

It's my bad.라고도 하고, 짧게 My bad.라고도 해요. 이번에는 친구에게 말실수를 했어요. 미안하다고 빠르게 사과해 볼까요?

My bad, I'm sorry.   내 실수야, 미안해.
My bad, I shouldn't've said that.

미안, 그렇게 말하면 안 됐는데.

여기서 shouldn't've 는 should not have의 줄임말로 '~하지 말았어야 했는데'라는 뜻이에요. 참고로 My bad는 격식 있는 표현이 아니기 때문에 아주 큰 잘못이나 실수를 했을 때는 절대 사용하면 안 돼요. 상황에 알맞게 주의해서 사용해 주세요.

요즘 영어로 말해보자! //   23-2.mp3

1 미안, 네 책상에 커피 쏟았어.

_____, I spilled my coffee on your desk.

2 미안, 네 발 밟았어. _____, I stepped on your foot.

정답 **1** My bad **2** My bad

// You're good.

상대방이 미안하다고 사과할 때 뭐라고 대답하면 좋을까요? 여러 가지 대답이 있지만, 앞으로는 You're good.이라고 해보세요. **You're good.**은 '**괜찮아**', '**별일 아니야**'라는 의미로 You're fine.과 비슷해요. 예를 들어 친구가 실수로 제 쿠키를 다 먹어버렸어요. 미안하다고 사과를 하면 이렇게 대답하는 거죠.

A : **My bad, I didn't know it was yours so I ate it.** 미안, 네 것인지 모르고 내가 먹어버렸어.

B : **You're good.** 괜찮아.

상대가 미안하다고 사과를 할 때 You're good.이라고 하면 괜찮다는 의미가 돼요. 그런데 너의 상태나 모습이 괜찮을 때도 You're good.이라고 할 수 있어요.

A : **How do I look today?** 나 오늘 어때?

B : **You're good.** 너 예뻐.

여기서 You're good.은 상대방이 정말로 good하다는 뜻이예요. You're good.은 자주 사용할 수 있는 짧고 쉬운 영어 표현이니 적절한 상황에서 꼭 활용해 보세요.

요즘 영어로 말해보자! // 23-3.mp3

1 걱정하지 마. 괜찮아. **Don't worry about it.** _____.

2 A : 내 화장 오늘 어때? **How's my make up today?**
   B : 예뻐. _____.

정답 1 You're good 2 You're good

082

LET THE BEAT DROP!

챈트로 오늘 배운 표현을 익혀보자. 비트주세요!

For good, For good

For good, For good, For good

나 이제 영원히 안 돌아와.

I will be gone for good.

걔 거기 다녀오더니 완전히 바뀌었어.

She changed for good after she went there.

My bad, My bad

My bad, My bad, My bad

You're good, You're good

You're good, You're good, You're good

앗, 미안, 그거 말하면 안 됐었는데.

My bad, I shouldn't've said that.

앗, 미안, 어제 네 전화 못 받았어.

My bad, I missed your call yesterday.

괜찮아.

You're good.

미안, 네 건지 모르고 먹어버렸어.

My bad, I didn't know it was yours so I ate it.

괜찮아.

You're good.

비트에 맞춰 말해보기

DAY 24 Tea, Popcorn, Jelly

오디오 클립 듣기

// Tea

흔히 커피나 차를 마시면서 대화를 많이 하는데요. 그래서 tea(차)가 이야깃거리의 상징이 됐어요. 요즘은 **흥미진진한 대화 소재**를 말할 때 **tea**라고 많이 해요. 예를 들어 친구들과 이야기를 하다가 "재미있는 얘기 없어?"라고 이렇게 물을 수 있어요.

Got any tea? 뭐 재미있는 얘기 없어?

Spill the tea! 재미있는 이야기 빨리 풀어!

정말 흥미진진하고 재미있는 주제라면 hot tea라고 해요. 누가 엄청 재미있는 얘기를 하면 "그거 대박인데!"라고 맞장구를 치듯, 영어로는 hot tea라고 하는 거죠. It's hot tea. It's steaming! (그거 정말 흥미진진한 이야기야!) tea는 요즘 10대, 20대들이 자주 쓰는 표현이에요. 친구들과 이야기할 때 한번 사용해 보세요.

요즘 영어로 말해보자! //

24-1.mp3

1 나 재미있는 소식 들었어. I got some _____.

2 너 그 소식 들었어? 완전 흥미진진해.
 Did you hear the news? It's _____.

정답　1 tea 2 hot tea

// Popcorn

팝콘이 튀겨질 때 자유롭게 통통 튀어 오르죠? 이렇게 '**자유로운 스타일**'을 요즘은 **popcorn style**이라고 해요. 예를 들어 가수나 래퍼들은 즉흥적으로 무대에 서기도 하는데요. '랩하고 싶은 사람 자유롭게 무대 위로 올라와.'라고 이렇게 말할 수 있어요. Come up on the stage and rap in popcorn style. 혹은 Say your ideas in popcorn style.라고 하면 '자유롭게 생각을 말해봐.'라는 의미가 돼요. 규칙 없이 자유로운 형식을 말하는 popcorn style, 아주 재미있는 표현이죠?

// Jelly

jelly는 **jealous**(**질투하는**)의 귀여운 줄임말이에요. SNS에서 '**멋져서 질투나**', '**귀여워서 부러워**'라고 할 때 jelly를 많이 사용해요. 예를 들어 친구가 예쁜 옷을 사서 인스타에 올렸을 때 이렇게 댓글을 달 수 있어요.

I'm jelly! / I'm so jelly of you!   너무 부러워!

반대로 약을 올릴 때도 jelly를 사용할 수 있어요. 맛집에 가서 음식 사진을 찍어 올린 뒤 '부럽지?'라고 이렇게 적어서 올리는 거예요. Are you jelly?

요즘 영어로 말해보자! //   24-2.mp3

1 난 걔 라임이 마음에 들어. 자유로운 스타일이야.

I like his rhymes. He's got _____ style.

2 승진 축하해! 너무 부러워.

Congrats on the promotion! I'm so _____.

정답 **1** popcorn **2** jelly

LET THE BEAT DROP!

챈트로 오늘 배운 표현을 익혀보자. 비트주세요!

Tea, Popcorn, Jelly
Tea, Popcorn, Jelly
Tea, Popcorn, Jelly
Tea, Popcorn, Jelly
뭐 재밌는 얘기 없어?
Got any tea?
빨리 말해!
Spill the tea!
대박 사건이네!
It's Hot Tea.
It's steaming!
생각나는 거 자유롭게 얘기해줘.
Say your ideas in popcorn style.
랩 하고 싶은 사람 자유롭게 무대 위 올라와.
Come up on the stage and rap in popcorn style.
와 완전 부럽.
I'm so jelly.
부러워?
난 하선호야.
I'm Ha Sunho.
Are you jelly?

비트에 맞춰 말해보기

DAY 25

Vibe, Click

// Vibe

vibe는 '**기분**', '**분위기**', '**기운**'이라는 뜻으로 일상에서 자주 쓰이는 표현이에요. 어떤 장소에 있거나 누군가와 함께 있을 때 느껴지는 감정이나 기운이 있죠? 그 느낌을 vibe라고 해요.

Don't kill my vibe. 내 기분 망치지 마.

This restaurant has a good vibe.

이 레스토랑 분위기 좋다.

동사로도 vibe를 사용해요. vibe에 누군가와 '죽이 맞다'라는 의미가 있는데, 주로 vibe well with each other라고 해서 '서로 잘 맞다'는 뜻으로 많이 사용해요. 저는 여러분과 정말 잘 맞는 것 같아요. I think we vibe so well each other. 분위기나 기분을 말할 때, 누군가와 잘 맞을 때 vibe 사용해 보세요.

요즘 영어로 말해보자! // 25-1.mp3

1 우리가 함께 있을 때, 난 기분이 좋아.

When we are together, I get good _____.

2 그녀는 항상 좋은 기운을 풍겨. She always gives a good _____.

정답 **1** vibe **2** vibe

087

// Click

어떤 사람이랑 대화를 했는데 척하면 척! 통하는 순간이 있죠? 그럴 때 **click** 했다고 해요. **누군가와 죽이 잘 맞을 때**, **잘 통할 때** 쓸 수 있는 표현이에요.

We just click. 우리는 죽이 잘 맞아.

click with 뒤에 어떤 대상을 쓰면 그 사람과 '잘 맞다', '잘 통한다'는 의미가 돼요. '서로가 통했다'라고 할 때는 click with each other라고 할 수 있겠죠?

I never clicked with him.

나는 그와 통한 적이 한 번도 없어.

We clicked with each other on the first day we met. 우리는 첫 만남에 바로 통했어.

click이라고 동사로도 쓰지만, have a click이라고도 해요. 상대방과 잘 통할 때, 손발이 잘 맞을 때 유용하게 사용해 보세요.

요즘 영어로 말해보자! //

1 저 둘은 항상 같이 있어. 정말 잘 맞나봐.

Those two are always together. They must _____ well.

2 우리가 깊은 대화를 나눴을 때, 서로가 통하는 걸 느꼈어.

We had a _____ when we had a deep conversation.

정답 **1** click **2** click with each other

LET THE BEAT DROP!

챈트로 오늘 배운 표현을 익혀보자. 비트주세요!

Vibe, Click, Vibe, Click, Vibe, Click

Vibe, Click, Vibe, Click, Vibe, Click

내 기분 망치지 마.

Don't kill my vibe.

나 거기 분위기 괜찮았어.

I liked the vibe there.

걔 뭔가 이상해, 싸해.

He didn't give me the good vibes.

뭐해?

What are you up to?

나 선호랑 편하게 있어.

I'm just vibing with Sunho.

내 생각에 우린 진짜 잘 맞는 것 같아요.

I think we vibe so well with each other.

우리는 처음부터 통했었지.

We clicked with each other

on the first day we met.

우리가 깊은 대화를 나눴을 때 우리는 통함을 느꼈다.

We had a click with each other

when we had a deep conversation.

비트에 맞춰 말해보기

// HBU

줄임말은 알면 쉽지만, 모르면 무슨 뜻인지 전혀 이해하기가 어려운데요. 오늘은 SNS에서 자주 쓰이는 줄임말을 배워 볼게요. 먼저 **HBU**는 무슨 뜻일까요? 바로 **How about you?**의 줄임말로 '**넌 어때?**', '**너는?**'이라는 뜻이에요.

I'm thirsty, HBU?   난 지금 목 말라, 너는?

I'm hungry right now, HBU?   나 지금 배고파, 너는?

그런데 How about you를 줄였는데 왜 HAU가 아니고 HBU일까요? How about 을 빨리 말하면 How bout이 되는데요. How about you → How bout You → HBU가 됐어요. 친구가 How are you? (잘 지내?)라고 인사하면 이제 이렇게 대답 해 보세요. I'm Good, HBU? (난 잘 지내, 너는?)

26-1.mp3

요즘 영어로 말해보자! //

1 나 아이스크림이 엄청 당겨, 너는?

   I'm craving some ice cream, _____?

2 나 지금 공부하기 싫어, 너는?

   I don't feel like studying right now, _____?

정답   **1** HBU **2** HBU

// IKR

IKR은 어떤 표현을 줄인 말일까요? I'm Korean이 아니고요. 바로 **I know, right?** 의 줄임말이에요. 친구들끼리 수다 떨다 보면 맞장구를 칠 때가 많은데요. 그런 상황에 딱 어울리는 표현이에요. 우리말로는 '**내 말이**', '**그러니까 말이야**' 같은 추임새예요. 예를 들어 어려운 영어 시험이 끝나고 친구와 이런 문자를 주고받을 수 있어요.

A : **The English test today was so hard.**

오늘 영어 시험 너무 어려웠어.

B : **IKR, it was the worst.**　　내 말이, 진짜 최악이었어.

이번에는 TV에 나오는 남자 배우가 너무 멋지지 않냐고 친구가 물어보네요.

A : **Don't you think he's really hot?**

그 남자 진짜 잘생기지 않았어?

B : **IKR!**　　내 말이!

IKR, 무슨 의미인지 알고 나니 정말 쉽죠? 친구의 말에 공감할 때 사용해 보세요.

요즘 영어로 말해보자! //　　　　　　　　　　　　　　26-2.mp3

1 A : 선호 새 앨범 짱이야! Sunho's new album is awesome!
　　B : 내 말이! _____.

2 A : 잭슨은 정말 바람둥이야! Jackson is such a player!
　　B : 내 말이! _____.

정답　**1** IKR **2** IKR

091

// TTYL

마지막 줄임말은 TTYL입니다. **TTYL**은 **Talk To You Later**의 줄임말로 '**나중에 또 얘기하자**'라는 뜻이에요. 예를 들어 친구들과 연락을 주고받다가 이제 늦어서 자야 하거나 바쁜 일이 생겨서 가야 할 때 이렇게 말할 수 있어요.

TTYL, I should get some sleep now.

나중에 또 얘기하자. 나 자야겠어.

TTYL, it's been great talking to you.

나중에 또 얘기해. 오늘 얘기해서 즐거웠어.

우리도 대화를 마무리할 때 '또 연락할게', '나중에 또 얘기하자'라고 많이 하죠? 비슷한 인사말이라고 생각하면 돼요.

I gotta go now, TTYL.

나 지금 가야 할 것 같아. 나중에 또 얘기해.

문자를 주고받다 말도 없이 사라지는 것보단 이렇게 TTYL 하나 남겨두는 게 좋겠죠? 앞으로 대화를 마무리할 때 TTYL 한번 사용해 보세요.

요즘 영어로 말해보자! //
26-3.mp3

1 나 5분 뒤에 과학 수업이 있어. 나중에 또 얘기해.

  I have a science class in 5 minutes, _____.

2 점심시간 끝나서 다시 일하러 들어가야 해. 나중에 또 얘기하자.

  Lunch is up. I need to get back to work, _____.

정답 **1** TTYL **2** TTYL

LET THE BEAT DROP!

챈트로 오늘 배운 표현을 익혀보자. 비트주세요!

HBU는 How aBout You

IKR는 I Know, Right

TTYL은 Talk To You Later

난 지금 배고파, 넌?

I am hungry right now, HBU?

요즘 어떻게 지내?

How are you?

응, 잘 지내! 넌?

Good! HBU?

오늘 영어 시험 너무 어려웠어.

The English test today was so hard.

아 그니까! 진짜 최악이야.

IKR, it was the worst.

걔 진짜 잘생기지 않았냐?

Don't you think he's really hot?

그치? 그니까!

IKR!

나 자야 될 거 같아. 나중에 또 얘기하자.

TTYL, I should get some sleep now.

나중에 또 얘기해. 오늘 얘기해서 즐거웠어.

TTYL, it's been great talking to you.

비트에 맞춰 말해보기

// Dip

음식을 찍어서 먹는 소스를 dipping sauce(딥핑 소스)라고 하죠? **dip**은 '살짝 담그다'라는 뜻도 있지만, '**잠깐 들어갔다 빨리 나오다**', '**급하게 나가다**'라는 의미도 있어요. 예를 들어 음식점에 들어가서 메뉴를 봤는데 너무 비쌀 때 친구에게 귓속말로 이렇게 말하는 거죠.

We need to dip out of here. 우리 빨리 나가자.

dip은 황급히 떠나는 상황뿐만 아니라 일반적으로 '떠나다', '나가다'라고 표현할 때도 많이 쓰여요. 예를 들어 친구와 공부하다 너무 지루하면 "너 언제 도서관에서 나갈 거야?"라고 묻죠? 이렇게 말할 수 있어요. When are you going to dip out of the library? 어떤 장소를 떠나거나 나갈 때 dip 한번 사용해 보세요.

요즘 영어로 말해보자! // 　　　　　　　　　　　　　　　27-1.mp3

1 여기 무슨 일 터질 거 같은데. 빨리 일어나자!

　Looks like there might be some trouble. Let's ＿＿＿＿＿＿＿＿＿!

2 어제 파티 몇 시에 떠났어?

　What time did you ＿＿＿＿＿＿＿ from the party yesterday?

정답　**1** dip **2** dip

094

// Hit the road

도로를 때리라니 이게 무슨 의미일까요? hit은 '때리다'라는 의미 외에도 어떤 장소에 '닿다', '이르다'라는 뜻이 있어요. 그래서 **hit the road**라고 하면 도로를 때리라는 의미가 아니라 **'길을 떠나다'**, **'여행을 가다'**라는 뜻이 돼요. 특히 road(도로)라는 단어가 들어간 만큼 자동차를 타고 떠날 때 자주 쓰이는 표현이에요.

Let's hit the road now. 이제 떠나자.
I gotta hit the road. 나 이제 떠나야 해.

여기서 gotta는 (have) got to의 줄임말로 '~을 해야 한다'는 표현이에요. 그럼 문장을 조금 더 살펴볼까요?

I want to hit the road this weekend.
이번 주말에는 어딘가로 떠나고 싶어.

참고로 Hit the road!라고 하면 전혀 다른 의미가 돼요. 명령문으로 쓰면 '꺼져!'라는 거친 뜻이 되거든요. 떠나자고 할 때는 Let's hit the road.라고 해야 한다는 점 기억해 주세요.

요즘 영어로 말해보자! //

27-2.mp3

1 시간이 늦었어. 우리 가는 게 좋겠어.

It's getting late. We'd better _____.

2 더 머물고 싶지만, 나 이제 가야 해.

I want to stay longer, but I gotta _____.

정답 **1** hit the road **2** hit the road

LET THE BEAT DROP!

챈트로 오늘 배운 표현을 익혀보자. 비트주세요!

Dip, Hit the road

Dip, Hit the road

Dip, Hit the road

Dip, Hit the road

야, 우리 빨리 나가야 해.

We need to dip out of here.

언제 여기서 떠날 거야?

When are you going to dip from here?

나 여기 떠나기 싫어.

I don't want to dip right now.

이제 집 가자! 떠나자!

Let's hit the road!

나는 오늘 아침 일찍 서울로 떠나.

I'm hitting the road to Seoul

early in this morning.

오늘 금요일이네!

주말에 어디론가 떠나고 싶다.

It's Friday today!

I want to hit the road

and be away for the weekend.

비트에 맞춰 말해보기

// Sorry not sorry

Sorry not sorry는 직역하면 '**미안한데 안 미안해**'라는 뜻이에요. 우리가 솔직하게 이야기할 때 '이런 얘기해서 미안한데'라고 말을 하지만 사실 별로 미안하지 않을 때가 있잖아요? 그럴 때 사용하는 표현이에요. 예를 들어 누군가가 자꾸 잔소리를 하고 사사건건 지적을 할 때 이렇게 말할 수 있어요.

Sorry not sorry, but I'm gonna do whatever I want.
미안하지만, 난 내가 하고 싶은 대로 할 거야.

이때 미안하다는 말은 진심으로 미안해서 하는 말이 아니라 '너의 말에 동의하지 못해서 미안하지만 할 말은 해야겠어'의 느낌이죠? 결국 미안하지 않다는 말이기 때문에 정중한 대화가 필요한 상황에서는 쓰면 안 된다는 점 기억해 주세요.

요즘 영어로 말해보자! //

28-1.mp3

1 미안한데, 넌 내 타입 아니야. _____, but you are not my type.

2 미안한데, 난 너랑 별로 얘기하고 싶지 않아.
_____, but I don't want to talk with you.

정답 **1** Sorry not sorry **2** Sorry not sorry

// Talk turkey

talk turkey는 솔직하게 할 말을 다 하는 대화를 뜻해요. 아주 오래전에 백인과 미국 원주민이 함께 사냥한 새를 공평하게 나누기로 하고 사냥을 하러 갔어요. 그런데 백인이 매번 turkey(칠면조)를 가지고 그보다 못한 까마귀만 원주민에게 나눠주자, 보다 못한 원주민이 '이제 칠면조에 대해 얘기하자'라고 단도직입적으로 말했다고 해요. 여기서 유래한 표현이 **talk turkey**예요. '**솔직하게 말해보자**', '**진지하게 이야기하자**'라는 뜻이에요.

Stop joking and let's now talk turkey.

장난은 그만하고 이제 솔직하게 이야기하자.

Please talk turkey. I need to know the truth.

솔직하게 말해 줘. 난 진실을 알아야겠어.

talk turkey 같은 관용구는 단어만으로 의미를 유추하기 어렵기 때문에 뜻을 외우고 자주 사용하는 것이 중요해요. 누군가 중요한 내용은 말하지 않고 빙빙 돌려 말할 때 talk turkey를 이용해 진지하게 본론에 대해 이야기하자고 말해 보세요.

요즘 영어로 말해보자! //

28-2.mp3

1 우리 문제 심각해. 솔직하게 얘기해 보자.

We have a serious problem. It's time to _____.

2 딴소리 그만하고 단도직입적으로 말해.

Stop beating around the bush and _____.

정답　**1** talk turkey　**2** talk turkey

beat around the bush는 나무의 중심으로 가까이 가지 않고 주변 덤불만 툭툭 건드린다는 표현에서 유래된 말로 '말을 빙빙 돌리다', '요점을 피하다'라는 뜻이에요.

LET THE BEAT DROP!

챈트로 오늘 배운 표현을 익혀보자. 비트주세요!

Sorry not sorry, Sorry not sorry

Sorry not sorry, Sorry not sorry

아, 그냥 툭 터놓고 말할게. 난 내가 원하는 대로 할 거야.

Sorry not sorry,

but I am gonna do whatever I want.

솔직히 말해서, 난 너랑 더 이상 얘기하고 싶지 않아.

Sorry not sorry, but I don't want to talk with you.

미안하지만, 안 미안해.

넌 내 타입 아니야.

Sorry not sorry, but you are not my type.

Talk turkey, Talk turkey

Talk turkey, Talk turkey

이제 장난은 그만하고, 우리 솔직하게 다 이야기해 봅시다.

Stop joking and let's now talk turkey.

제 용돈에 대해서 터놓고 말해 볼 수 있을까요?

Can we talk turkey about my pocket money?

솔직하게 말해 줘. 난 진실을 알아야만겠어.

Please talk turkey. I need to know the truth.

비트에 맞춰 말해보기

DAY 29
GOAT, OG, Recs

오디오 클립 듣기

// GOAT

GOAT는 **Greatest Of All Time**의 줄임말로 [고트]라고 읽어요. 직역하면 '**모든 시대를 통틀어서 최고**'라는 의미인데요. 쉽게 말해 '레전드'라는 뜻이에요.

Yuna Kim is the worldwide GOAT.

김연아는 세계적인 레전드야.

I want to be the GOAT someday.

나도 언젠가 레전드가 되고 싶어.

참고로 GOAT 앞에 the가 붙는 이유는 모든 최상급 앞에 the가 붙기 때문이에요. 최고는 여러 명이 아니라 '단 한 명'이기 때문이죠. 그래서 평범한 사람보다는 모두가 알만큼 유명한 사람들에게 GOAT를 주로 쓴답니다.

요즘 영어로 말해보자! //

29-1.mp3

1 봉준호는 새로운 전설이야. Bong Joonho is the new _____!

2 랩에 있어서는 에미넴이 레전드야.

　　Eminem is the _____, when it comes to rapping.

정답　**1** GOAT　**2** GOAT

100

// OG

OG는 무슨 뜻일까요? 바로 **Original Gangster**의 줄임말이에요. Gangster라고 해서 '폭력배'나 '깡패'를 떠올리지 마시고요. **OG**는 '**원조**', '**원년 멤버**'를 의미해요. 쉽게 말해 어떤 일을 시작할 때 있던 초창기 구성원인 거죠. 예를 들어 예능 프로그램을 보다가 시즌을 거듭할수록 재미가 없을 때 이렇게 말할 수 있어요.

I miss the OG members of this show.

이 예능 프로그램의 원조 멤버들이 그리워.

OG는 어떤 일을 처음으로 시작한 사람을 말하기 때문에, 한국 가요로 치면 아이돌 1세대, 학교 동아리로 치면 1기 멤버를 말해요.

HOT is the OG of K-pop. HOT는 케이팝의 원조야.
She's the OG of our club. 그녀는 우리 동아리 원조 멤버야.

각 분야에 많은 OG들이 있는데요. Original Ganster는 주로 자신의 분야에서 업적을 이루어낸 사람들이에요. OG는 영어권 국가에서 모르는 사람이 거의 없을 정도로 많이 쓰는 표현이니 꼭 기억해 두기로 해요.

요즘 영어로 말해보자! //

29-2.mp3

1 그는 우리 동아리 원년 멤버야. He is the _____ of our club.

2 그는 원년 멤버로 언제나 기억될 거야.

He'll always be remembered as an _____.

정답 **1** OG **2** OG

// Recs

마지막 표현은 Recs입니다. **Recs**는 **Recommendations**의 줄임말로 '**추천**'이라는 의미예요. 요즘은 재미있는 영화나 드라마가 너무 많아서 서로서로 추천을 해주곤 하죠? 친구에게 넷플릭스에 있는 재미있는 것 좀 추천해달라고 이렇게 말할 수 있어요.

Give me some Netflix recs.

넷플릭스에서 볼 만한 것 좀 추천해줘.

Do you have any movie recs?   추천해줄 영화 있어?

드라마나 영화 추천도 좋지만, 아무래도 추천이 가장 필요한 건 음식 메뉴죠? 친구에게 저녁 메뉴나 음식점 추천해달라고 해볼까요?

Any recs for today's dinner?

나 오늘 저녁 뭐 먹을지 추천해 줄래?

Can you give me some recs for the restaurants?   식당 추천해 줄 수 있어?

Recs, 아주 유용한 표현이죠? 무언가를 추천해달라고 할 때 한번 사용해 보세요.

29-3.mp3

요즘 영어로 말해보자! //

1 음악 추천해 줄 수 있어? Can you give me some music _____?

2 주변 카페 추천해 줄래? Any _____ for cafes around here?

정답   **1** recs **2** recs

LET THE BEAT DROP!

챈트로 오늘 배운 표현을 익혀보자. 비트주세요!

Greatest Of All Time
GOAT
Greatest Of All Time
GOAT
랩에 있어서 Biggie는 정말 존경할 만한 레전드다.
Biggie is the GOAT, when it comes to rapping.
나도 언젠가 레전드가 되고 싶다.
I want to be the GOAT someday.
Original Gangster
OG
Original Gangster
OG
예능 프로그램 원조 멤버들이 그립다.
I miss the OG members of this show.
이분은 우리 동아리 선배야. 원조 멤버야.
She's the OG of our club.
Recommendations
Recs
Recommendations
Recs
여기 근처 식당 추천해 줄 수 있어?
Can you give me some recs
for the restaurants near here?
넷플릭스에서 볼 만한 것 추천 좀 해줘!
Give me some Netflix recs?

비트에 맞춰 말해보기

Pickle, Butter

오디오 클립 듣기

// Pickle

오늘은 음식과 관련된 재미있는 표현을 배워 볼게요. 첫 번째 표현은 be in a pickle 입니다. 직역하면 '피클 안에 있다'는 뜻인데, 피클이 단맛보다는 떫고 신맛이 강하잖아요. 그래서 **어렵고 힘든 상황**을 **be in a pickle**이라고 해요.

I need your help. I'm in a pickle.

나 네 도움이 필요해. 나 아주 어려운 상황에 처해 있어.

I hate being in a pickle.

난 어려운 상황에 처해 있는 게 너무 싫어.

누군가 be in a pickle이라고 하면 피클에 안에 있다는 뜻이 아니라 어렵고 곤란한 상황에 처했다는 뜻이랍니다. 꼭 기억해 주세요.

요즘 영어로 말해보자! //

30-1.mp3

1 나 길을 잃었어. 난처한 상황이야. I'm lost. I'm in a _____.

2 나 어제 집에 지갑 두고 나와서 정말 곤란했어.

   I was _____ yesterday because I left my wallet at home.

정답   **1** pickle **2** in a pickle

// Butter

다음은 버터를 사용한 표현을 알아볼게요. 상대방에게 달콤한 말이나 칭찬으로 마음에 없는 소리를 할 때 '아부'한다고 하죠? **butter up**은 누군가에게 '**아부하다**', '**아첨하다**'라는 표현이에요. 달콤한 말로 남의 비위를 맞출 때 우리는 사탕발림한다고 하는데, 서양에서는 버터칠을 한다고 하나 봐요.

She's really good at buttering people up.

걔는 사람들한테 아부를 너무 잘해.

무엇을 '잘하다'라는 의미의 be good at에 butter up을 써서 '아부를 잘하다'라는 표현이 됐어요. 내가 원하는 걸 얻기 위해 남에게 butter up한 경험 한 번쯤 있을 거예요. 아부가 꼭 나쁜 건 아니지만, 그래도 싫다면 이렇게 말할 수 있어요.

Stop buttering me up. 나한테 아부하지 마.
There's no use of buttering her up.

그녀에게 아부해봤자 소용없어.

누군가에게 아부한다고 할 때는 butter up 사이에 그 대상을 넣으면 돼요. Butter somebody up, 어렵지 않은 표현이니 꼭 익혀두도록 해요.

요즘 영어로 말해보자! //
30-2.mp3

1 너 그냥 나한테 아부하는 거지! You're just _____ me up!

2 나한테 아부하려 하지 마! Don't try to _____ me up!

정답 **1** buttering **2** butter

105

LET THE BEAT DROP!

챈트로 오늘 배운 표현을 익혀보자. 비트주세요!

Pickle, Butter

Pickle, Butter

Pickle, Butter

Pickle, Butter

나 지금 네 도움이 필요해.

나 아주 어려운 상황에 있어.

I need your help.

I'm in a pickle.

어제 나 지갑 두고 와서 진짜 곤란해졌어.

I was in a pickle yesterday

because I left my wallet at home.

Pickle, Butter

Pickle, Butter

Pickle, Butter

Pickle, Butter

걔는 사람들한테 아부를 잘해.

She's really good at buttering people up.

나에게 아부하지 마.

Stop buttering me up.

그녀에게 아부해봤자 소용없어.

There's no use of buttering her up.

비트에 맞춰 말해보기

DAY 31

Wow, Get out of here, Holy cow

오디오 클립 듣기

// Wow

뜻밖의 기쁜 일이 생기거나 무언가를 보고 깜짝 놀랐을 때 wow라고 하는데요.
wow가 누군가를 '**놀라게 하다**', '**감탄하게 하다**'라는 의미의 동사로도 사용돼요.

This will wow you for sure.

이건 너를 정말 놀라게 할 거야.

Sunho wowed me with her new song.

선호가 신곡으로 나를 정말 놀라게 했어.

특히 공연을 통해 누군가를 wow하게 만들 때는 '열광시키다', '큰 감동을 주다'라는
의미가 돼요. 감탄사 외에 동사로도 쓰이는 wow, 누군가를 몹시 놀라게 한다는 의미
로 꼭 사용해 보세요.

요즘 영어로 말해보자! //

31-1.mp3

1 넌 나를 놀라게 하는 법을 잘 알아. You know how to _____ me.

2 그녀는 공연으로 관객들을 열광시켰어.

Her performance _____ the audience.

정답 **1** wow **2** wowed

107

// Get out of here

Get out of here는 누군가를 쫓아낼 땐 '여기서 나가', '꺼져'라는 뜻이지만, 요즘에는 '**말도 안돼**', '**믿을 수 없어!**'라는 의미로 많이 쓰여요. 예를 들어 공부를 하나도 안 한 친구가 시험에 통과했다고 자랑을 하는 거예요. 그때 이렇게 말할 수 있어요.

Get out of here! You passed the test?

말도 안돼! 네가 시험을 합격했다고?

한마디로 깜짝 놀랄만한 소식을 듣거나 친구가 말도 안 되는 소리를 할 때 믿을 수 없다고 하는 표현이 Get out of here이에요. 비슷한 표현으로 Are you kidding? (농담이지?), Are you serious? (진심이야?)가 있어요. 그뿐만 아니라 Get out of here는 무언가가 너무 반갑고 공감이 될 때도 사용 가능해요.

A : **Pizza is my favorite food.** 난 피자를 제일 좋아해.

B : **Get out of here! That's my favorite!**

진짜? 나도 피자 제일 좋아해!

Get out of here, 쓰임새가 아주 다양하죠? 친구들과 대화할 때 사용해 보세요.

요즘 영어로 말해보자! //

31-2.mp3

1 A : 엠마가 시험에서 A 받았어. Emma got an A on her test.

　　B : 말도 안 돼! 걔 공부 하나도 안 했어! ＿＿＿＿＿＿＿＿! She didn't even study!

2 하루 만에 영어를 배웠다고? 말도 안돼!

　　You learned English in a day? ＿＿＿＿＿＿＿＿!

정답　**1** Get out of here **2** Get out of here

// Holy Cow

깜짝 놀랐을 때 쓸 수 있는 표현을 하나 더 배워볼게요. **Holy cow**는 직역하면 '신성한 소'라는 의미지만, 사실 소와는 크게 상관이 없는 표현이에요. 일종의 감탄사로, **'대박'**, **'세상에'**라는 의미거든요. Holy cow뿐만 아니라 **Holy moly**라고 해도 똑같은 의미가 돼요.

Holy cow! This is exciting news!

대박! 이거 기막힌 소식이다!

Holy moly! Who split the water here!

헐! 여기 누가 물 흘렸어!

참고로 Get out of here은 기분 좋게 놀라는 긍정적인 상황에서 많이 사용되지만, Holy cow와 Holy moly는 긍정적인 상황뿐만 아니라 부정적인 상황에서도 사용 가능해요. 좋은 일에도 놀라지만 나쁜 일에도 놀랄 수 있잖아요.

Holy cow! Somebody stole my bike!

세상에! 누가 내 자전거 훔쳐 갔어!

깜짝 놀랐을 때 쓸 수 있는 표현들이 이렇게 많네요. 상황에 알맞게 사용해 보세요.

요즘 영어로 말해보자! //

31-3.mp3

1 대박! 무슨 돈이 이렇게 많아! _____! That is a lot of money!

2 헐! 이거 대체 어디서 찾았어? _____! Where did you find it?

정답　**1** Holy moly　**2** Holy Cow

109

LET THE BEAT DROP!

챈트로 오늘 배운 표현을 익혀보자. 비트주세요!

Wow, Wow

선호가 신곡으로 나 정말 놀라게 했어. 진짜 대박!

Sunho wowed me with her new song. I'm shook!

이 음식은 날 절대 실망 안 시켜.

This food never fails to wow me.

제 팬들은 절 항상 감탄하게 하죠.

My fans always wow me.

Holy cow

Holy moly

Get out of here

너 시험 합격했어? 대박! 깜놀!

Get out of here!

You passed the test?

너 진짜 복권 당첨됐어? 헐! 대박!

Get out of here!

You really won the lottery?

헐! 여기 누가 물 흘렸어!

Holy cow!

Who spilt water here!

대박! 누가 내 자전거 훔쳐 갔어!

Holy moly!

Somebody stole my bike!

비트에 맞춰 말해보기

// Run down

환절기만 되면 몸이 으슬으슬하고, 열도 좀 나는 것 같을 때가 있죠? 그 느낌을 run down이라고 해요. **run down은 '피곤하다', '몸살 기운이 있다'**는 뜻이에요.

I feel run down. 나 몸살 난 거 같아.

You look so run down today.

너 오늘 많이 피곤해 보인다.

기계가 run down하면 '멈추다', '정지하다'라는 뜻이고, 건전지가 run down하면 배터리가 다 닳았다는 뜻이 돼요. 사람이 run down하면 기운이 다 빠져 피곤하다는 의미가 되겠죠? 쉽게 말해 run down은 에너지가 부족하다는 뜻이에요. 피곤하고 컨디션이 안 좋을 때 sick 대신 run down 한번 사용해 보세요.

요즘 영어로 말해보자! //────────────── 32-1.mp3

1 난 항상 피곤한 느낌이 들어. I feel _____ all the time.

2 나 요즘 계속 피곤했어. I've been _____ lately.

정답 **1** run down **2** run down

// Hammered

hammer는 '망치'인데요. **hammered**는 '**몹시 지쳐있는 상태**'를 의미해요. 망치로 두들겨 맞은 것처럼 뻗어 있는 이미지를 상상해 보세요. 쉽게 연상이 되나요? 예를 들어 너무 피곤해서 쓰러질 것 같은데, 누가 자꾸 말을 걸면 이렇게 말할 수 있어요.

Can we talk later? I'm so hammered now.

우리 나중에 얘기도 될까? 나 지금 쓰러질 거 같아.

너무 피곤할 때 hammered라고 하면 지쳤다는 의미지만, 파티나 술자리에서는 다른 의미로 쓰여요. hammered가 '술'에 관련된 뜻이 있거든요.

I was really hammered last night.

나 어제 완전 취했어.

We got hammered yesterday. 우리 어제 엄청 취했어.

술에 완전히 취했을 때 hammered라고 해요. hammered에 '**술에 취한**', '**고주망태가 된**'이라는 의미가 있거든요. 친구가 hammered 하다고 하면 피곤한 건지, 술에 취한 건지 상황에 맞춰 잘 유추해 보세요.

32-2.mp3

요즘 영어로 말해보자! //

1 운동하고 났더니 몸이 두들겨 맞은 거 같아.

My body feels _____ from that workout.

2 어젯밤 숙취 때문에 머리가 너무 아파.

My head hurts from getting _____ last night.

정답 **1** hammered **2** hammered

LET THE BEAT DROP!

챈트로 오늘 배운 표현을 익혀보자. 비트주세요!

Run down, Run down
Run down, Run down
나 몸살 난 거 같아.
I feel run down.
요즘 계속 피곤했어.
I've been run down lately.
너 아파 보여.
You look run down.
걔 많이 피곤해 보이더라.
She looks run down a lot.
너 많이 피곤해 보인다.
You look so run down today.
나? 아닌데. 나 완전 멀쩡한데.
Me? I'm completely fine.
그래? 그럼 다행이고.
Oh yeah? That's good then.
오늘 샌디는 안 와?
Where's Sandy?
응, 몸살 난 거 같다고 안 온대.
She told me that she won't come
because she has been feeling run down.

LET THE BEAT DROP!

챈트로 오늘 배운 표현을 익혀보자. 비트주세요!

인스타보니까 멀쩡하던데.

솔직히 말해봐. 걔 안 아프지?

She looked completely okay on Instagram.

Let's talk turkey. She's not sick, right?

왜 그렇게 표정이 안 좋아?

What's wrong?

You look quite run down.

혓바늘이 나서 괴로워.

Blisters on my tongue are killing me.

혀에 혓바늘 생기면 피곤하다는 뜻이야. 좀 쉬어.

That means that you are feeling run down.

You need to take a rest.

엄마, 나 오늘 몸이 안 좋은 거 같아.

Mom, I'm feeling run down today.

안 믿어.

I don't buy that.

진짜야!

It's for real!

그럼 약 먹고 공부하자.

Then take your pills

and get back to your studies.

Big mouth, Busybody

오디오 클립 듣기

// Big mouth

비밀을 잘 지키지 못하고 다른 사람들에게 쉽게 말하는 사람들이 있죠? 이런 사람들을 '**입이 가볍다**'라고 하는데요. 영어로는 **big mouth**, 입이 크다고 해요. 입이 커서 비밀이나 말이 술술 빠져나와서 그런가 봐요.

She is a big mouth. 그녀는 입이 가벼워.
I don't like men who have a big mouth.
나는 입이 가벼운 남자는 싫어.

is 대신 has를 써서 she has a big mouth.라고도 해요 '입이 가볍다'라는 똑같은 의미예요. 우리는 입이 '가볍다' 또는 '무겁다'라고 무게로 표현을 하는데, 영어는 크기로 표현을 하는 게 참 재미있죠? 어딜 가나 입이 가벼우면 신뢰를 잃기 쉬우니 항상 입조심하도록 해요.

요즘 영어로 말해보자! // 33-1.mp3

1 그는 진짜 입이 가벼워. He is such a _____.

2 입이 가벼운 친구를 조심해.
   Watch out for friends who have a _____.

정답 **1** big mouth **2** big mouth

115

// Busybody

busybody는 직역하면 '바쁜 몸'이라는 뜻인데요. 여기저기 남의 일에 참견하고 다니는 사람은 참 바쁘죠? 그래서 **'오지랖이 넓은 사람'**, **'참견하기 좋아하는 사람'**을 **busybody**라고 해요. 사람의 신체 부위와는 전혀 관계없는 의미예요. 끊임없이 남의 일에 참견하고 간섭하는 사람을 봤을 때 이렇게 말할 수 있어요.

She is such a busybody. 그녀는 정말 참견쟁이야.
He is a real busybody. 그는 남의 일에 정말 참견을 잘해.

주변에 꼭 자기와 별로 관계없는 일에 끼어들어서 쓸데없이 아는 체하거나 이래라저래라하는 사람들이 있어요. 이런 '프로 참견러'를 busybody라고 해요.

Don't be such a busybody. 너무 참견하지 마.

남의 일에 쓸데없이 참견하고 지나치게 간섭하면 busybody라고 불리기 쉬워요. 우리 모두 busybody가 되지 않게 조심하도록 해요.

요즘 영어로 말해보자! //

33-2.mp3

1 그 참견쟁이는 항상 날 짜증나게 해.

That _____ always gets on my nerves.

2 그녀는 내가 만난 사람 중에 제일 참견이 심해.

She is the biggest _____ I've ever met.

정답 **1** busybody **2** busybody

get on someone's nerves는 누군가의 '신경을 거스르다', '짜증나게 하다'라는 뜻이에요.

LET THE BEAT DROP!

챈트로 오늘 배운 표현을 익혀보자. 비트주세요!

Big mouth, Big mouth, Big mouth
Big mouth, Big mouth, Big mouth
그녀는 입이 가벼워.
She is a big mouth.
그녀는 가벼운 입을 가졌어.
She has a big mouth.
그는 진짜 입이 가벼워.
He is such a big mouth.
그는 진짜 가벼운 입을 가졌어.
He has such a big mouth.
나는 입이 가벼운 남자는 싫어.
I don't like men who have a big mouth.
입이 가벼운 친구를 조심해.
Watch out for friends who have a big mouth.
너 샌디랑 싸우지 않았어?
Didn't you have a beef with sandy?
헐! 어떻게 알아?
Holy cow! How do you know that?
Mike가 알려 줬어.
Mike told me about it.
걔 입 진짜 가볍다!
He's such a big mouth!

LET THE BEAT DROP!

챈트로 오늘 배운 표현을 익혀보자. 비트주세요!

내일 학교 일찍 올 거야?

Are you going to come to school

early tomorrow?

아니, 왜? 무슨 일 있어, 내일?

No, why? What's happening?

헐, 내 입!

내일 원래 너 깜짝 생일 파티여서 비밀이었는데, 미안.

My big mouth!

We were going to throw a surprise

birthday party for you. My bad.

괜찮아.

You're good.

걔랑 얘기할 때 조심해.

You gotta be careful when talking to her.

아, 진짜? 왜? 말해 봐! 궁금해.

Why? Spill the tea!

그냥 걔가 입이 가벼운 것만 기억해.

Just remember she has a big mouth.

Bubbly, Perky

오디오 클립 듣기

// Bubbly

오늘은 밝은 성격에 대한 표현을 배워 볼게요. bubbly라고 하면 bubble(거품, 비눗 방울)이라는 단어가 떠오르는데요. 물론 '거품이 많은'이라는 뜻으로도 사용되지만, 사람이 **bubbly** 하면 '**밝고 활기찬 성격**', '**잘 웃는 성격**'을 말해요. 명랑해서 보기만 해도 기분이 좋아지는 사람이 있죠? 그런 사람에게 이렇게 칭찬할 수 있어요.

You are so bubbly. 넌 정말 활기차.

She's super bright and bubbly.

그녀는 아주 밝고 잘 웃어.

항상 밝고 생기발랄한 사람을 bubbly 하다고 해요. 친구의 밝은 성격을 칭찬할 때 happy(행복한), lively(활기 넘치는), cheerful(발랄한)이라는 단어만 사용했다면, 이제 bubbly도 꼭 사용해 보세요.

요즘 영어로 말해보자! //

34-1.mp3

1 너는 참 밝은 사람이야. You are such a _____ person.

2 성격이 밝은 사람들은 언제나 인기가 많아.

_____ people are always popular.

정답 **1** bubbly **2** Bubbly

// Perky

긍정적이고 활기찬 성격을 표현하는 단어를 하나 더 배워볼게요. **perky**는 bubbly 와 비슷한 의미로 '**활기찬**', '**생기가 넘치는**'이라는 뜻이에요.

You are so perky. 넌 참 활기차.
You look very perky today. 너 오늘 엄청 활기차 보인다.

누군가 생기발랄하고 활기가 넘치면 perky 하다고 할 수 있어요. 특히 아이들에게 밝고 명랑하게 자라라는 말 많이 하죠? 영어로 이렇게 말할 수 있어요.

Hope you grow up to be a perky person.

밝은 사람으로 자라렴.

perky와 bubbly는 긍정적인 의미도 있지만, 부정적인 의미도 있어요. 가끔 에너지 가 넘쳐서 주변 사람들을 지치게 하는 사람들이 있죠? You are being too perky today.라고 하면 '너 오늘 심하게 활발하다.'라는 부정적인 말이 돼요. bubbly도 마찬가지로 She is too bubbly.라고 하면 '쟤는 밝은 게 과해.'라는 의미가 돼요. perky와 bubbly 모두 상황에 알맞게 사용해 주세요.

34-2.mp3

요즘 영어로 말해보자! //

1 그녀는 아침마다 기운이 넘쳐.

She is always so ＿＿＿＿＿＿＿＿ every morning.

2 그녀가 엄청 밝아졌어. She became much more ＿＿＿＿＿＿＿＿.

정답　**1** perky **2** perky

LET THE BEAT DROP!

챈트로 오늘 배운 표현을 익혀보자. 비트주세요!

Bubbly, Bubbly, Bubbly

Bubbly, Bubbly, Bubbly

넌 참 웃음이 많아.

You are so bubbly.

너는 참 밝은 사람인 것 같아.

You are such a bubbly person.

밝은 사람으로 자라라. 밝은 사람이 되렴.

Hope you grow up to be a bubbly person.

너의 이상형은 어떤 타입이야?

What is your ideal type?

나는 잘 웃는 사람이 좋더라고.

I like people who laugh a lot.

너는 밝은 사람을 좋아하는구나.

You must like bubbly people.

선호는 어떤 애야?

What's Sunho like?

선호? 잘 웃고 아주 밝은 애야.

Sunho? She's super bright and bubbly.

너 뭐 봐?

What are you watching?

나 선호 유튜브 영상 보고 있어.

I am watching Sunho's youtube videos.

LET THE BEAT DROP!

챈트로 오늘 배운 표현을 익혀보자. 비트주세요!

넌 선호만 보면 정말 밝아지더라.

You get so perky

when you watch her videos.

걔 요즘 달라지지 않았어?

Didn't she change recently?

걔 요즘 완전 달라졌잖아.

Yeah, a whole lot.

엄청 밝아졌어.

웃음이 많아졌어.

She became much more perky.

She laughs a lot.

DAY 35 Down to earth, Showboat

오디오 클립 듣기

// Down to Earth

Down to earth는 지구로 내려간다는 의미가 아니라 '**현실적인**'이라는 의미예요. 현실적이라고 하면 부정적인 생각이 들기도 하지만, down to earth는 긍정적인 의미로 사용돼요. 뜬구름 잡는 이상주의자가 아니라 세상 물정에 밝은 현실주의자라는 거죠.

She's so down to earth person.

그녀는 참 현실적인 사람이야.

사람의 성격뿐만 아니라 이야기나 조언 같은 것을 말할 때도 이 표현을 쓸 수 있어요. 정말 진지하게 현실적인 조언이 필요할 때 I need some down to earth advices. 라고 하면 '난 현실적인 조언이 필요해.'라는 의미가 돼요.

요즘 영어로 말해보자! //

35-1.mp3

1 그는 좀 현실적이어야 해. He should be more _____.

2 내 친구들이 그녀에게 현실적인 조언을 들었대.

My friends got _____ advices from her.

정답 **1** down to earth **2** down to earth

123

// Showboat

showboat는 boat(배)에 관련된 의미가 아니고요. **주위의 이목을 끌고 과시하는 것을 좋아하는 사람**을 뜻하는 표현이에요. 한마디로 '**과시쟁이**'인 거죠. 유명한 스포츠 선수들을 보면 우쭐대기 좋아하는 사람 꼭 있죠? 이렇게 말할 수 있어요.

The star player is such a showboat.

인기 있는 선수는 정말 과시쟁이야.

showboat는 명사로 '과시쟁이'를 말하지만, 동사로는 단순히 자랑하는 걸 좋아한다는 의미를 넘어 '혼자 관심을 독차지하려는 성향'을 뜻해요. 예를 들어 스포츠 경기에서 혼자만 주목을 받으려고 팀워크를 깬다면 이렇게 말할 수 있어요.

Stop showboating and work as a team.

과시하려고 독주하지 말고 팀으로 움직여.

show(보여 주다), show off(자랑하다)라는 단어가 보여주듯, show라는 단어 자체에 사람들의 이목을 집중시키는 성격이 강하다 보니 showboat라는 표현도 만들어졌어요. 과시하는 걸 좋아하는 사람을 showboat이라고 한다는 점 기억해 주세요.

요즘 영어로 말해보자! //

35-2.mp3

1 걔는 관심받는 걸 너무 좋아해. 정말 과시쟁이야.

She loves the attention. She's such a _____.

2 걔는 우승할 때마다 자랑하려고 난리야.

He always tries to _____ when he wins the game.

정답 **1** showboat **2** showboat

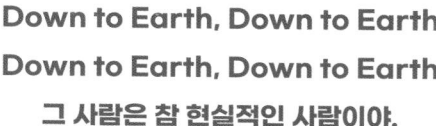

LET THE BEAT DROP!

챈트로 오늘 배운 표현을 익혀보자. 비트주세요!

Down to Earth, Down to Earth

Down to Earth, Down to Earth

그 사람은 참 현실적인 사람이야.

She's a down to earth person.

그 사람은 참 가식 없는 사람이야.

He's a down-to-earth kind of guy.

반장은 허영심 없고, 가식 없는 사람이 해야 해.

Leaders should be someone who's down to earth.

나는 현실적인 조언이 필요해.

I need some down to earth advices.

나는 가식 없는 사람이 이상형이야.

My ideal type is someone who's down to earth.

아까 걔 얘기하는 거 들었어?

Did you hear what she was talking about?

들었지. 걔는 너무 현실성이 없어.

I did. She should be more down to earth.

그래서 난 걔 별로야.

She's not really my type of person.

걔 인스타 가방 사진 봤어?

너무 심하지 않아?

Did you see her picture on instagram?

Isn't it too much?

LET THE BEAT DROP!

챈트로 오늘 배운 표현을 익혀보자. 비트주세요!

개네 쌍둥이 형제는 안 그렇거든.

쌍둥이인데 되게 다르다.

Her twin sister's not like this.

They are so different.

대학에 가면 뭘 어떻게 해야 할지 모르겠어.

우리 누구한테 도움 요청해볼까?

킴 어때?

I don't know what to do

when I go to college.

Should we ask for some help?

What about Kim?

좋은 생각이다!

내 친구들이 그분한테 정말 현실적인 조언을 많이 얻었대.

Yeah! I heard my friends got

down to earth advices from her.

// People person

people person은 '사람들 사람'이라는 의미가 아니고요. **사람들과 어울리는 것을 좋아하는 사람**을 말해요. 성격이 외향적이고 사교적일 때 people person이라고 할 수 있어요.

I'm a people person. 저는 외향적인 사람이에요.

I'm not really a people person.

나는 사람들 만나는 걸 그렇게 좋아하지 않아.

person 앞에 '명사'를 넣으면 그것을 좋아하는 사람이라는 의미가 돼요. 강아지를 좋아하는 사람은 dog person, 영화를 좋아하는 사람은 movie person인 거죠. 커피를 좋아해서 자주 마신다면 이렇게 말할 수 있어요. I'm a coffee person. 똑같은 개념으로 사람을 좋아하는 사람을 people person이라고 하는 거죠.

요즘 영어로 말해보자! //

36-1.mp3

1 나는 정말 외향적인 성격이라, 누구와도 잘 지내.

I'm a super _____, so I get along with anyone.

2 쟤는 사람들이랑 어울리는 걸 좋아하는 것 같아. She seems like a _____.

정답　**1** people person **2** people person

127

// People pleaser

people pleaser는 '사람들을 기쁘게 하는 사람'이라는 좋은 뜻 같지만, 실은 좋은 의미가 아니에요. 다른 사람들에게 좋은 사람으로 보이고 싶어서 자신의 감정을 희생하는 사람, **남의 비위를 맞추는 사람**을 뜻하거든요.

You are a people pleaser.

넌 다른 사람들 비위를 너무 맞춰.

Stop being a people pleaser.

남 비위 맞춰주는 거 그만해.

한마디로 people pleaser는 자신의 감정이나 기분은 생각하지 않고, people(사람들)만 please(기쁘게 하다) 하는 사람이에요.

He is such a people pleaser.

그는 너무 남 눈치를 봐.

살다 보면 모든 사람을 다 만족시킬 수는 없어요. 다른 사람의 의견을 듣는 것도 중요하지만, 자신의 주관과 소신도 당당하게 피력하자고요!

요즘 영어로 말해보자! //

36-2.mp3

1 걔는 자기가 원하는 걸 절대 안 해. 너무 남의 눈치를 봐.

He never does what he likes. He's such a _____.

2 내 조언은 사람들 눈치 그만 보라는 거야.

My advice is to stop being a _____.

정답 **1** people pleaser **2** people pleaser

128

LET THE BEAT DROP!

챈트로 오늘 배운 표현을 익혀보자. 비트주세요!

People person, People person
People person, People person
저는 외향적인 사람입니다.
I'm a people person.
저는 굉장히 외향적인 사람입니다.
I'm a super people person.
쟤는 엄청 외향적인 거 같아.
She seems like a people person.
난 외향적인 사람이 좋아.
I'd like to date a people person.
자기소개 해보세요.
Hello, tell us about yourself.
저는 선호고요. 래퍼예요.
I'm Sunho and I'm a rapper.
최대 강점이 뭐예요?
What is your biggest strength?
저는 사람을 좋아하는 외향적인 성격이라,
누구든지 잘 지낼 수 있어요!
I'm a people person,
so I get along with anyone!
너 걔 생일파티 안가?
Are you not going to her birthday party?

129

응, 안 가려고.

No I don't think so.

왜?

Why?

사람들 많이 온다고 하더라고.

사람들 만나고 하는 거 그렇게 좋아하는 스타일이 아니라서.

I heard that a lot of people will be there.

I'm not really a people person.

요즘 남자친구랑은 잘 지내?

How's everything with your boyfriend?

그냥 그래.

So so, I think.

무슨 문제 있어?

Is there any problem between you two?

걔가 사람을 정말 좋아하거든.

그래서 연락이 안 될 때가 많아.

He is a super people person,
so sometimes he doesn't answer my calls.

DAY 37 Rock, Flake

오디오 클립 듣기

// Rock

rock은 '돌', '바위'라는 뜻이죠? 그런데 요즘에는 변함없이 늘 그 자리에 있는 **'든든한 사람'**을 말할 때도 rock이라고 해요. 돌처럼 단단한 존재, 나에게 든든한 존재라고 생각하면 이해하기 쉬워요. 주변에 고마운 사람이 있다면 이렇게 말해보세요.

You are my rock. 너는 내가 의지할 수 있는 사람이야.

Thanks for being my rock.

제 곁에 든든하게 있어 주서서 감사해요.

rock이 동사로 사용되면 의미가 조금 달라져요. **You rock!**이라고 하면 **'네가 최고야!'**, **'짱이야!'**라는 의미가 되거든요. You're aweome!과 비슷해요. 그런데 '짱'이라는 표현을 아무 데서나 사용하지 않듯 You rock도 마찬가지예요. slang(속어)이기 때문에 공식적인 자리보다는 친한 직장동료나 친구들 사이에서만 사용해 주세요.

요즘 영어로 말해보자! //

37-1.mp3

1 항상 나한테 의지해도 돼. 내가 널 위해 늘 이 자리에 있을게.

You can always count on me. I'll be your _____.

2 너는 정말 최고야! You really _____!

정답 **1** rock **2** rock

131

// Flake

flake는 무슨 의미일까요? 시리얼 corn flake(콘플레이크) 할 때 그 flake 맞아요. **flake**는 '아주 얇고 작은 조각'을 의미하는데요. 얇은 조각은 부서지기 쉽고 뭔가 믿음직스럽지 못하죠? 그래서 이 표현을 사람에게 쓰면 '**약속을 늘 어기는 사람**', '**책임감 없는 믿을 수 없는 사람**'이라는 뜻이 돼요.

He is such a flake. 그는 항상 약속을 깨.
She is the biggest flake I know.
그녀는 내가 아는 사람 중에 제일 책임감이 없어.

약속시간 직전에 약속을 취소하는 사람들 꼭 있어요. 이렇게 약속을 어기는 사람을 flake라고 하는데요. 누군가와의 약속을 어긴다고 할 때는 flake on someone이라고 해요.

He flaked on me again. 그가 나와의 약속을 또 어겼어.

나와의 약속을 어기면 flake on me, 그녀와의 약속을 어기면 flake on her라고 해요. 상대가 약속을 지키지 않을 때 flake 한번 사용해 보세요.

요즘 영어로 말해보자! //

1 이번에는 약속 깨지마! Don't _____ this time!

2 너랑 한 약속 깨서 너무 미안해.

    I'm so sorry for _____ out on you.

정답　**1** flake **2** flaking

LET THE BEAT DROP!

챈트로 오늘 배운 표현을 익혀보자. 비트주세요!

Rock, Rock, Rock

You are my rock.

Rock, Rock, Rock

You are my rock.

당신은 제가 의지할 수 있는 사람이에요.

You are my rock.

어느 상황에서든 당신은 나에게 든든한 사람이었어요.

You've been my rock through thick and thin.

너는 정말 최고야!

You really rock!

난 너의 존재가 너무 감사해.

정말 최고야!

I appreciate you so much.

You rock!

오늘 어버이날인데 준비한 거 있어?

Did you get anything for the parents' day?

편지 쓰고 있어.

I am writing a letter for now.

좋은 생각이다!

뭐라고 썼어?

That's lit!

What did you write there?

LET THE BEAT DROP!

챈트로 오늘 배운 표현을 익혀보자. 비트주세요!

두 분은 제게 가장 든든한 존재예요.

존재만으로도 감사해요.

I wrote "You guys are my rock.

I appreciate you so much."

팬 여러분께 제가 이 말 한 적 있나요?

Have I ever said this to my fans?

지금까지 제 곁에 든든하게 있어 주셔서 감사해요.

Thanks for being my rock until this moment.

사랑합니다.

I love you from the moon and back.

아, 오글 거려!

So cheesy!

이거 뭐야?

What is this?

너를 위한 선물!

It's a gift for you!

대박! 나 이거 갖고 싶었던 건데!

넌 정말 최고야!

Oh my god!

I always wanted to have this!

You rock!

134

// Blue

blue는 '파란', '푸른'이라는 색깔을 나타낼 뿐만 아니라 우울함을 상징하는 표현으로도 사용돼요. 예를 들어 **기분이 우울하고 울적할 때** blue를 사용해 이렇게 말할 수 있어요.

I am feeling blue these days. 나 요즘 우울해.
I feel blue when it's raining. 난 비가 오면 우울해져.

한 일도 없는데 주말이 다 가고 월요일이 다가올 때 '월요병 오는 거 같아'라고 하죠? 이렇게 말할 수 있어요. I feel Monday morning blues coming. 여기서 Monday morning blues는 월요일 아침에 느끼는 우울감으로 우리말로 '월요병'이라는 표현이에요. 마음이 파랗게 멍들어 가듯 슬프고 우울할 때 blue를 사용한다는 점 기억해주세요.

요즘 영어로 말해보자! //

38-1.mp3

1 나 오늘 너무 우울해. I feel so _____ today.

2 네가 너무 우울하지 않았으면 좋겠어.

  Hope you are not feeling too _____.

정답 **1** blue **2** blue

// Green

이번에는 **green(초록색)**에 대해 알아볼게요. 건강이 안 좋아 보이거나 아파 보일 때 '얼굴이 새파랗다'라고 하죠? 영어로는 green 하다고 해요. 한마디로 **'안색이 안 좋아 보인다'**, **'아파 보인다'**는 의미예요.

You look a bit green in the face.

너 안색이 안 좋아 보여.

의미를 명확히 하기 위해 in the face를 썼지만, 문맥상 생략해도 괜찮아요. 그리고 green과 똑같은 의미로 green around the gills라는 표현도 있어요. 여기서 gill은 물고기의 '아가미'를 의미하는데요. 아가미 주변이 파랗게 질린 물고기를 상상해 보세요. 왠지 신선해 보이지 않고, 아픈 것 같겠죠? 사람에게 써도 똑같답니다.

He looked green around the gills.

그의 안색이 좋지 않아 보였어.

배를 타고 난 후에 green 할 수도, 밤새 공부를 한 뒤에 green 할 수도 있어요. 상대의 건강이 좋지 않아 보이거나 아파 보일 때 한번 사용해 보세요.

요즘 영어로 말해보자! //

38-2.mp3

1 걔 화난 거 아니야. 그냥 몸이 안 좋아서 그래.

He is not upset. He's just _____.

2 안색이 안 좋아 보여. 너는 좀 쉬는 게 좋겠어.

You look _____. You should take some rest.

정답 **1** green **2** green

LET THE BEAT DROP!

챈트로 오늘 배운 표현을 익혀보자. 비트주세요!

Blue, Blue, Blue, Blue
나 요즘 우울해.
I'm feeling blue these days.
너 우울해 보여.
You seem like you're feeling blue.
네가 너무 우울하지 않았으면 좋겠어.
Hope you are not feeling too blue.
난 비가 오면 우울해져.
I feel blue when it's raining.
월요병을 이겨야 돼.
I need to beat Monday morning blues.
선호는 항상 밝더라!
Sunho's always so bubbly!
맞아! 우울한 모습을 본 적이 없어.
True! I've never seen her having blues.
넌 우울할 때 어떻게 해?
What do you do when you get blues?
나는 노래 들어.
요즘은 선호 노래 많이 들어.
I listen to music.
I listen to Sunho's music.

LET THE BEAT DROP!

챈트로 오늘 배운 표현을 익혀보자. 비트주세요!

벌써 일요일 저녁이야?

Is it already Sunday night?

아무것도 안 했는데 시간 진짜 빨리 간다.

I didn't do anything and time flew.

그니까! 아, 월요병 올라오는 거 느껴진다.

Right! I feel Monday morning blues coming.

오늘 뭔가 좀 지쳐 보이는데?

You look a little down today.

어, 맞아. 요즘 좀 우울했어.

Yeah, I've been feeling blue lately.

왜? 무슨 일 있었어?

Why? What's the matter?

아, 좀 개인적인 일들 때문에. 괜찮아.

Just some personal issues. It's fine.

DAY 39   Pay back, Pay off

오디오 클립 듣기

// Pay back

pay back은 back이라는 단어 때문에 상대에게 다시 돌려준다는 느낌이 들지 않나요?
빌린 돈이나 물건을 갚거나 상대방에게 진 마음의 빚을 갚을 때 **pay back**을 써요.

I'll pay you back tomorrow.   너한테 내일 돈 갚을게.

I will pay back your kindness.

당신의 친절에 보답할게요.

pay back은 좋은 것과 나쁜 것을 대갚음할 때 모두 사용 가능해요. 좋은 것을 갚을
때 '**누군가의 호의를 갚다**', 나쁜 것을 갚을 땐 '**당한 것을 갚아주다**', '**복수하다**'라는
의미가 돼요. 누군가가 나에 대한 나쁜 소문을 퍼뜨리고 다녔다면 이렇게 말할 수 있
어요. It's time for pay back. (이제 복수할 차례야.) 다른 사람에게 pay back할
일이 있나요? 좋은 의미로 더 많이 사용하길 바랄게요.

요즘 영어로 말해보자! //
39-1.mp3

1 지난번의 호의를 갚아야 해. I should _____ the favor.

2 그가 나에게 했던 일을 보복할 거야.

   I'll _____ for what he did to me.

정답   **1** pay back **2** pay him back

// Pay off

돈을 내거나 비용을 지불할 때 pay라고 하는데요. **pay off**라고 하면 무언가를 '**다 갚다**', '**청산하다**'라는 의미가 돼요. 예를 들어 빌린 돈을 다 갚았을 때 이렇게 말할 수 있어요

I paid off all my dept. 나 빚을 다 갚았어.

빚을 다 '갚았다'라고 하니 pay의 과거형 paid를 쓰면 되겠죠? 이렇게 무언가를 갚았다고 할 때뿐만 아니라 고생 끝에 낙이 온다고 말할 때도 pay off를 써요. 열심히 노력한 끝에 결실을 얻고 보상을 받는다는 의미예요.

Your hard work will pay off.

열심히 하는 건 결국 다 돌아올 거야.

Your effort finally paid off!

너의 노력이 드디어 결실을 맺었구나!

pay off는 결국 좋은 쪽으로 일이 다 해결될 거라는 말이에요. 힘들 때 이렇게 말해주는 친구가 있다면 정말 힘이 나겠죠? 열심히 노력한 뒤에 오는 좋은 결과는 정말 달콤해요. 우리 모두 열심히 하면 다 돌아올 거예요. All the hard work will pay off.

요즘 영어로 말해보자! // ——————————————————————— 39-2.mp3

1 나 대출을 다 갚았어. I _____ all my loan.

2 조금만 더 힘내. 너의 고생과 시간은 다 돌아올 거야.

　　Hang in there. All your hard work and time will _____.

정답　**1** paid off **2** pay off

140

LET THE BEAT DROP!

챈트로 오늘 배운 표현을 익혀보자. 비트주세요!

Pay off, Pay off

Pay off, Pay off

열심히 하는 건 결국 다 돌아올 거야.

Your hard work will pay off.

너의 노력이 드디어 결실을 맺었구나!

Your effort finally paid off!

우리의 노력은 결국 보상받을 거야.

All of our hard work will pay off.

난 빚을 다 갚았어.

I paid off all my dept.

너 왜 내 돈 안 갚아?

Why don't you pay off the money I lent you?

넌 좌우명 있어?

Do you have a quote that you keep in your mind?

응, 열심히 하면 다 돌아올 거다!

Yeah, hard work will pay off!

그래? 근데 왜 좌우명 대로 안 살아?

Why don't you live like that though?

뭘 그렇게 열심히 기도해?

What do you pray that hard for?

내가 들인 이 시간을 꼭 어떤 결과로 나타나야 한다고.

All these time I spent must pay off.

141

LET THE BEAT DROP!

챈트로 오늘 배운 표현을 익혀보자. 비트주세요!

그렇게 될 거야. 널 믿어.

It will. I trust in you.

얼굴이 안 좋아.

You look a bit tired today.

어, 시험공부 때문에 하루에 2시간씩 밖에 안 잤거든.

Yeah, I only slept 2 hours a day

because of the exam.

걱정 마. 시험 보면 고생했던 게 다 좋은 쪽으로 돌아올 거야.

All these weeks will pay off

when you take the test.

고마워. 행운을 빌어줘.

Thank you.

Please keep your fingers crossed for me.

킴이 5만원 빌려 갔는데 안 갚아. 연락도 안 받네.

Kim borrowed 5만원 from me.

She doesn't answer my call.

어? 나 킴한테 5만원 빌렸는데.

그 돈 너한테 줄게.

Yeah? I actually borrowed 5만원 from Kim.

That way Kim and I can both pay off the money.

이런 일이! 잘 됐다!

Yay! That's great!

// Hothead

hothead는 직역하면 '뜨거운 머리'라는 뜻이에요. 화가 나면 머리가 부글부글 끓는 것처럼 뜨거워지죠? 이렇듯 **화가 많은 사람, 다혈질인 사람**을 hothead라고 해요.

I'm not a hothead.   난 다혈질이 아니야.

How do I stop being a hothead?

나 어떻게 하면 욱하지 않을 수 있을까?

성격이 불같이 급한 사람을 hothead라고 하는데요. '성질이 급한', '욱하는'이라고 형용사로 쓸 때는 hot headed라고 해요. '그는 다혈질이야.'라고 이렇게 말할 수 있어요. He is hot headed. 또는 He is a real hothead. 주변에 쉽게 화를 내는 사람이 있나요? 조심하세요! 그 사람이 바로 hothead랍니다.

요즘 영어로 말해보자! //

40-1.mp3

1 진정해. 화낼 필요 없어.

   Just chill. No need to be a _____.

2 나 예전에는 다혈질이었는데 이제는 아니야.

   I used to be a _____ but not anymore.

정답   1 hothead 2 hothead

// Chill

chill은 원래 '냉기', '한기'라는 뜻이지만, 누군가가 '**멋지다**'고 할 때도 chill을 사용해요. 예를 들어 친구가 소개팅을 하고 왔대요. 상대가 어땠는지 한번 들어볼까요?

A : **What kind of person was he?** 그 남자 어땠어?

B : **He's super chill.** 그 남자 진짜 멋져.

여기서 chill은 추웠다는 의미가 아니라 멋졌다는 의미예요. 사람뿐만 아니라 물건이 멋질 때도 That's chill! (그거 정말 멋져!)이라고 할 수 있어요. 두 번째로 chill에는 '**편하게 있다**', '**쉬다**'라는 의미가 있어요. 친구가 지금 뭐하고 있냐고 연락이 오면 이렇게 대답하는 거죠.

I'm chilling at home. 나 집에서 쉬고 있어.

I'm just chilling right now. 나 그냥 쉬고 있어.

여기서 chill은 '휴식을 취하다'라는 의미예요. 일상생활에서 chill은 아주 다양하게 사용 가능해요. 이런 표현 하나쯤 기억해 두면 아주 유용하답니다.

요즘 영어로 말해보자! //

40-2.mp3

1 너 어제 정말 멋졌어. You were super _____ yesterday.

2 샌디 편하게 쉬고 있다고 들었어.

I heard Sandy is just _____.

정답 **1** chill **2** chilling

LET THE BEAT DROP!

챈트로 오늘 배운 표현을 익혀보자. 비트주세요!

chi chi chill, chi chi chill

chi chi chill, chi chi chill

그냥 쉬고 있어.

I'm just chilling right now.

릴랙스 좀 해. 침착해!

Chill out!

걔 편하게 쉬고 있대.

I heard she's just chilling.

chi chi chill, chi chi chill

chi chi chill, chi chi chill

샌디 완전 멋짐!

Sandy's super chill!

오, 저거 완전 멋지다!

That's chill!

어제 정말 멋졌어.

You were super chill yesterday.

뭐해?

Whats up?

그냥 집에서 쉬는 중, 넌?

Just chilling at home, you?

나도. 내 방에서 영화 보고 있어.

Same. I'm watching movie in my room.

LET THE BEAT DROP!

챈트로 오늘 배운 표현을 익혀보자. 비트주세요!

아, 완전 짜증 나.

Urgh, I'm so mad.

너 왜 이렇게 흥분했어? 좀 침착해

Why are you so upset? Chill out.

침착 못해!

I can't be chill at all right now!

선호 콘서트 같이 갈래?

Do you want to go to Sunho concert with me?

언제 하는데?

When is it happening?

한 달 뒤에 해.

It's in a month.

응, 그래. 나 갈래! 선호 완전 멋있다고 생각했어.

Yeah! Count me in. I think she's super chill.

소개팅했다고 하지 않았어? 어떤 남자였어?

Didn't you say that you were going on a blind date?

What kind of person was he?

완전 멋진 남자였어.

I thought he's super chill.

또 만나기로 했어?

Are you guys going on a second date?

아니, 연락이 없어. 문자를 씹네.

I'm not sure. He's ghosting me right now.

오디오 클립 듣기

// Fishy

fishy는 생선에 관련된 단어가 아니고요. '**의심스러운**', '**수상한**', '**미심쩍은**'이라는 뜻이에요. 우리도 무언가가 이상해 보일 때 수상한 냄새가 난다고 하죠? 영어로도 똑같이 fishy 또는 smell fishy라고 해요.

Something's fishy. 뭔가 의심스러워.

He kind of smells fishy. 그 사람 수상한 냄새가 나.

메시지를 받았는데 수상해 보인다면 This message seems fishy. (이 메시지 수상해.) 계약서 내용이 의심스럽다면 There's something fishy about contract. (이 계약서 뭔가 의심스러워.)라고 하는 거죠. 상대방의 말이나 행동이 수상하거나 무언가가 의심스러울 때 fishy 한번 사용해 보세요.

요즘 영어로 말해보자! //   41-1.mp3

1 여기 뭔가 좀 수상한데. I smell something _____ around here.

2 너 나한테 뭐 숨기는 거 있어? 너 왜 이렇게 이상하게 굴어.

   Are you keeping something from me? You're acting _____.

정답 **1** fishy **2** fishy

// Shady

shady는 '그늘이 드리워진'이라는 의미인데요. 햇빛 아래에 있는 것과 달리 그늘진 곳은 어두워서 무엇이 있는지 잘 보이지 않죠? 확신할 수가 없다는 의미에서 '**의심스러운**', '**수상한**'이라는 뜻이 더해졌어요. 예를 들어 낯선 사람이 집 주변을 맴돌며 의심스러운 행동을 하고 있다고 생각해보세요. 정말 수상하겠죠?

That guy is acting shady. 저 남자 수상하게 행동해.

shady는 fishy와 비슷한 의미를 가지고 있지만, 부정적인 어투가 더 강하게 담겨 있어요. 누군가 부정적이고 불법적인 행위를 하는 듯 수상한 구석이 있을 때, 무언가가 미심쩍고 의심스러울 때 shady를 사용해요.

Check if this is shady money.

이게 수상한 돈인지 확인해봐.

Stop acting shady. 수상하게 그만 굴어.

그늘이 드리워진 것처럼 뭔가 수상한 구석이 있을 때 shady를 사용한다는 점 기억해 주세요.

요즘 영어로 말해보자! //

1 그 여자애 요즘 수상하게 행동해. **She's been acting** _____.

2 저 남자 조심해. 수상해 보여.
Watch out for that guy. He looks _____.

정답 **1** shady **2** shady

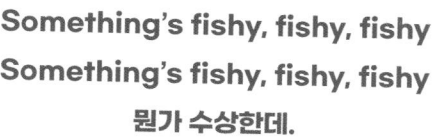

LET THE BEAT DROP!

챈트로 오늘 배운 표현을 익혀보자. 비트주세요!

Something's fishy, fishy, fishy

Something's fishy, fishy, fishy

뭔가 수상한데.

Something's fishy.

걔 뭔가 수상해.

He kind of smells fishy.

이 메시지 뭔가 이상해.

This message seems fishy.

굉장히 수상한 사람을 봤어.

I saw somebody very fishy.

너 뭐해?

What are you doing?

응? 아무것도 아냐!

Nothing!

아무래도 수상해. 수상한 냄새가 나.

빨리 말해!

It smells so fishy.

Tell me right now!

이것 좀 먹어봐.

Try this.

뭔데?

What is this?

LET THE BEAT DROP!

챈트로 오늘 배운 표현을 익혀보자. 비트주세요!

내가 만든 쿠키.

It's the cookies I made.

뭐가 좀 수상한데.

이상한 거 넣은 거 아냐?

It's kind of fishy.

You didn't put anything strange in there, right?

이 계약서 좀 봐줄 수 있어?

Hey, can you take a look at this contract?

응, 당연! 뭔가 이상했어?

Sure! Did you find something fishy in this?

응, 조금.

읽어보고 생각 알려줘.

Yeah, a little bit.

Let me know what you think about it.

왜 그렇게 핸드폰을 봐?

Why are you looking at your phone so often?

남자친구가 연락이 잘 안 돼.

요즘 너무 수상하단 말이야.

My boyfriend doesn't check his phone.

It's so fishy.

너무 더 과장해서 생각하지 말고 대화해봐.

Don't overthink and try to talk it out.

Butterfingers, Clumsy

오디오 클립 듣기

// Butterfingers

'버터 손가락'이라니 이게 무슨 의미일까요? 손에 버터가 잔뜩 묻어 있다고 생각해 보세요. 미끌미끌해서 잡는 물건마다 떨어뜨리겠죠? **butterfingers**는 손에 버터를 바른 것처럼 **잡는 것마다 떨어뜨리는 조심성이 없는 사람**을 일컫는 말이에요.

I'm such a butterfingers today.

나 오늘따라 물건을 자꾸 떨어뜨리네.

Be careful, butterfingers!

조심해, 덜렁아!

이 표현은 스포츠 경기에서 공을 잘 놓치는 선수에게도 많이 쓰여요. Don't pass the ball to him. He has butterfingers. (그에게 공을 패스하지 마. 잡을 때마다 공을 놓쳐.) 누군가 물건을 잘 떨어뜨리거나 잘 놓칠 때 butterfingers 한번 사용해 보세요.

요즘 영어로 말해보자! //

42-1.mp3

1 넌 잡는 것마다 놓치는구나! You have such _____!

2 너 오늘 컵 세 번째 깨는 거야, 이 덜렁아!

That is the third glass you dropped today, _____!

정답 **1** butterfingers **2** butterfingers

// Clumsy

clumsy는 사람의 성격을 묘사할 때 쓰는 표현이에요. 물건을 늘 흘리고 다니거나 잘 잃어버리는 사람들 있죠? 그런 사람들을 **clumsy** 하다고 해요. **뭔가 엉성하고 덜렁 대는 사람을 묘사**할 때 자주 쓰는 말이에요.

Stop being so clumsy! 그만 좀 덜렁대!
Why are you so clumsy today?

오늘 왜 이렇게 덜렁대?

일처리가 야무지지 못하고 칠칠맞지 못한 사람을 clumsy 하다고 해요. 그런데 사람 이 덜렁대는 것뿐만 아니라 말이나 행동이 서투르고 어설플 때도 clumsy라고 해요. 예를 들어 약속 시간에 한 시간이나 늦은 친구가 어설픈 변명만 늘어놓으면 이렇게 말할 수 있어요.

I don't need any clumsy excuses.

어설픈 변명은 필요 없어.

누군가가 너무 덜렁대고 칠칠치 못할 때, 행동이 너무 서투르고 어색할 때 clumsy 한번 사용해 보세요.

42-2.mp3

요즘 영어로 말해보자! //

1 어이구! 그만 덜렁대! Oh my god! Don't be so _____!

2 난 왜 이렇게 덜렁거릴까? Why am I so _____?

정답 **1** clumsy **2** clumsy

LET THE BEAT DROP!

챈트로 오늘 배운 표현을 익혀보자. 비트주세요!

Clumsy, Clumsy

Clumsy, Clumsy

그만 좀 덜렁대!

Stop being so clumsy!

걘 너무 덜렁대.

She is way too clumsy.

오늘 왜 이렇게 덜렁대?

Why are you so clumsy today?

어설픈 변명하지 마.

Don't make a clumsy excuse.

핸드폰 두고 갔어!

잠깐잠깐, 마스크도 두고 갔다!

I left my phone!

Oh, and my mask too!

으이구! 그만 덜렁대. 나까지 정신없다.

Oh my god! Don't be so clumsy.

It makes me confused as well.

선호는 정말 완벽한 거 같아.

Sunho seems so perfect.

에이, 아니야.

No, I don't think so.

진짜? 내가 봤을 땐 완벽했는데.

Why? I only saw her being so perfect.

LET THE BEAT DROP!

챈트로 오늘 배운 표현을 익혀보자. 비트주세요!

개가 얼마나 덜렁대는데!

You don't know how clumsy she is!

난 왜 이렇게 덜렁거릴까?

에어팟 또 잃어버린 거 같아.

Why am I so clumsy?

I lost my airpod again.

네 거 여깄어. 어제 네가 나한테 빌려줬잖아.

Your airpod is right here.

You let me use it yesterday.

헐, 맞다!

Oh, right!

너 한 시간이나 늦었어. 너무한 거 아냐?

You are late for an hour!

Don't you think that's too much?

아니, 그게…

I mean…

어설픈 변명할 거면 하지 마.

그냥 솔직하게 말해.

I don't need any clumsy excuses.

Just say the truth.

사실 늦잠 잤어. 미안.

I slept in to be honest. So sorry.

DAY 43 No way, Can't even

// No way

No way는 길이 없다는 뜻이 아니라 **믿을 수 없는 소식이나 놀라운 말을 들었을 때** 쓰는 표현이에요. I can't believe it.과 같은 표현으로 **'말도 안 돼'**라는 의미예요.

A : **Flight to Hawaii is only 5 dollars!**

하와이로 가는 비행기 티켓이 5 달러 밖에 안 해!

B : **No way!** 말도 안 돼!

No way는 No라는 부정어가 있어서 부정적인 상황에서만 쓰일 것 같지만, 좋은 일이나 나쁜 일, 황당한 일 등 무언가가 믿기 어렵고 놀라운 상황에서 모두 사용할 수 있어요. 일상에서 많이 사용하는 표현 중 하나랍니다. 말도 안 되는 깜짝 놀랄 만한 일을 들었을 때 No way라고 외쳐보세요.

요즘 영어로 말해보자! //

43-1.mp3

1 선호가 대회에서 일등 했어. 말도 안 돼!

Sunho won the first prize in the contest. _____!

2 저게 어떻게 가능해? 말도 안 돼! How is that possible? _____!

정답 **1** No way **2** No way

155

// Can't even

뭔가가 너무 어이가 없어서 또는 너무 좋아서 말이 안 나올 때가 있죠? 그때 **can't even**을 쓰면 '**할 말을 잃었다**'라는 의미가 돼요. 예를 들어 키보드에 커피를 쏟아서 너무 당황스러우면 이렇게 말할 수 있어요.

I spilled coffee on my keyboard.
I can't even. 키보드에 커피 쏟았어. 말이 안 나와.

당황스럽고 놀란 상황에서도 can't even을 쓰지만, 너무 기뻐서 말이 안 나오거나 무언가가 너무 귀여워서 할 말을 잃었다고 할 때도 can't even을 쓸 수 있어요.

I love this so much. I can't even.

나 이거 너무 좋아. 말이 안 나와.

Your cat is so adorable. I can't even.

너네 집 고양이 너무 귀여워. 말이 안 나와.

감정적으로 압도되어서 차마 말로 다 표현하지 못하겠을 때 can't even을 사용해요. 너무 기쁘거나 너무 당황스러워서 할 말을 잃었을 때 꼭 사용해 보세요.

요즘 영어로 말해보자! //

43-2.mp3

1 너 지금 내 셔츠에 커피 쏟았어? 말이 안 나오네.

   Did you just spill coffee on my shirt? I _____.

2 저 강아지 봤어? 말이 안 나와. Did you see that puppy? I _____.

정답 **1** can't even **2** can't even

LET THE BEAT DROP!

챈트로 오늘 배운 표현을 익혀보자. 비트주세요!

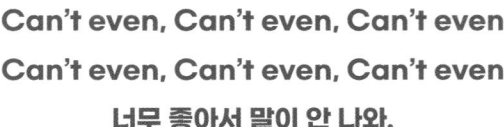

Can't even, Can't even, Can't even

Can't even, Can't even, Can't even

너무 좋아서 말이 안 나와.

I love this so much. I can't even.

대박! 와, 어이가 없어서 말이 안 나오네.

Holy cow, I can't even.

나 진짜 과장 아니고, 아무것도 할 수가 없어.

I literally can't even.

나 진짜 못하겠어.

진짜 아무 말도 안 나와.

I just can't.

I can't even.

왜 이렇게 스트레스 받아 보여?

Why are you so stressed?

키보드에 커피 쏟았어.

어이가 없어서 아무 것도 못 하겠어.

I spilled coffee on my keyboard.

I can't even.

내가 정리하는 거 도와줄게.

너무 심각하게 생각하지 마.

I will help you clean up.

Don't panic.

LET THE BEAT DROP!

챈트로 오늘 배운 표현을 익혀보자. 비트주세요!

너 핸드폰 배경에 있는 고양이는 누구 고양이야?

Who's cat is this on your phone right now?

우리집 고양이. 완전 귀엽지?

내가 다른 사진도 보여줄게.

It's my cat. Isn't she adorable?

Let me show you other pictures too.

와, 너무 귀여워서 말이 안 나온다.

I can't even.

너 걔랑 사귀는 거 아니었어?

Weren't you guys dating?

내가? 아닌데!

Me? No!

누가 너랑 걔랑 데이트하는 거 봤다던데.

Somebody told me that

she saw you guys together.

와, 어이가 없어서 말이 안 나오네.

진짜 아냐.

I can't even.

No we're not dating.

// Kick off

축구나 미식축구 같은 스포츠 경기를 보면 공을 차며 경기를 시작하죠? 그래서 무엇을 '발로 찬다'는 표현을 '새로운 시작'에 빗대어 표현하곤 해요.

What time shall we kick off? 몇 시에 시작할까요?
The festival will kick off soon. 축제가 곧 시작될 거야.

한마디로 **kick off**는 '**시작하다**'라는 뜻이에요. 주로 큰 행사나 미팅, 야외 활동 등 여러 사람이 모여서 함께 하는 일을 시작할 때 쓰여요. 축구 경기나 시상식이 kick off 할 수도, 회사에서 새로운 프로젝트가 kick off 할 수도 있는거죠. 물론 '시작하다'라는 뜻의 start, begin이라는 표현도 있지만, 앞으로 kick off도 사용해 보세요. 더 자연스러운 영어 대화를 나눌 수 있답니다.

요즘 영어로 말해보자! //   44-1.mp3

1 경기는 저녁에 시작돼. The match _____ at night.

2 선호가 그녀의 히트곡으로 축제를 시작할 거야.

Sunho will _____ the festival with her hit song.

정답 **1** kicks off **2** kick off

159

// Wrap up

wrap은 '포장하다'라는 뜻인데요. 포장은 제일 마지막 단계에 하는 일이잖아요. 그래서 **wrap up**이라고 하면 하던 일을 '**마무리 짓다**'라는 의미가 돼요.

You should wrap it up now.

이제 마무리해야 할 시간이야.

We can wrap it up in half an hour.

우리 30분 내로 마무리할 수 있을 것 같아.

wrap up은 무언가를 싸거나 포장할 때도 쓰지만, 하던 일을 마무리하거나 상대방에게 일을 정리하라고 할 때도 사용할 수 있어요. 예를 들어 친구랑 같이 집에 가려고했는데, 아직도 일을 마무리하지 못했다고 하네요. 빨리 끝내라고 말해 볼까요?

Wrap it up soon! 얼른 마무리해!

Wrap it up as soon as possible.

최대한 빨리 마무리해.

무언가를 마무리 짓거나 끝낼 때 wrap up 한번 사용해 보세요.

요즘 영어로 말해보자! //   44-2.mp3

1 이제 마무리하자! Let's _____!

2 우리 오늘은 정리하고 내일 다시 시작할래?

 Shall we _____ for today and start again tomorrow?

정답 **1** wrap it up **2** wrap up

LET THE BEAT DROP!

챈트로 오늘 배운 표현을 익혀보자. 비트주세요!

wrap up, wrap up

wrap up, wrap up

얼른 마무리해.

Wrap it up.

금방 끝낼게.

I'll wrap it up.

이제 마무리하자, 얘들아.

Let's wrap it up, guys.

이제 마무리해야 할 시간이야.

You should wrap it up now.

아직도 이 일 마무리가 안됐어?

You didn't wrap those up yet?

응, 시간이 좀 걸려도 잘 마무리하고 싶어서.

Not yet. I want to do my best

even though it takes some more time.

퇴근했어?

Did you get off work yet?

나 아직 못했어.

No, not yet.

얼른 마무리해!

Wrap it up soon!

LET THE BEAT DROP!

챈트로 오늘 배운 표현을 익혀보자. 비트주세요!

우리 비행기 타려면 30분 남았어.
We have 30 minutes until our flight.
나 쇼핑할 거 아직 남았는데.
I am still shopping though.
알아, 근데 그래도 최대한 빨리 마무리해야 돼.
I know, but you need to wrap it up
as soon as possible.
벌써 12시야.
속도 내야 될 것 같아.
It's already midnight.
We need to speed up.
내 생각에 우리 30분 내로 마무리할 수 있을 것 같아.
I think we can wrap it up in half an hour.
그래, 힘 내보자.
Yup, let's get this bread.

Have a chip on one's shoulder, Cold shoulder

오디오 클립 듣기

// Have a chip on one's shoulder

have a chip on one's shoulder은 직역하면 '누군가의 어깨 위에 나뭇조각을 올려놓다'라는 뜻이에요. 아주 먼 옛날, 미국에서는 상대방의 어깨 위에 나뭇조각을 얹어 놓으면 싸움을 하자는 신호로 쓰였다고 해요. 그래서 **툭하면 시비를 거는 사람, 늘 불만이 많고 화를 잘 내는 예민한 사람**에게 이 표현을 자주 써요.

That guy acts like he has a chip on his shoulder. 그 사람은 꼭 불만이 있는 것처럼 행동해.

쉽게 말해 이 표현은 '**불만을 가지다**', '**화가 나 있다**', '**시비조이다**'라는 의미예요. 주로 무언가에 열등감을 가지고 있거나 부당한 대우를 받아 항상 화가 나 있는 사람에게 이 표현을 많이 쓴답니다.

요즘 영어로 말해보자! //

45-1.mp3

1 그녀는 불만이 많아 보여. She seems to _____.

2 네가 걔 창피하게 해서 엄청 화나있어.

　　He _____ because you humiliated him.

정답　**1** have a chip on her shoulder **2** has a chip on his shoulder

163

// Cold shoulder

'차가운 어깨'라니 이게 무슨 의미일까요? 차갑게 어깨를 밀치며 지나가는 사람을 떠올려 보세요. 뭔가 나를 무시하는 것 같고 쌀쌀맞은 느낌이 들죠? **cold shoulder**는 **'무시하다'**, **'쌀쌀맞게 대하다'**라는 뜻이에요.

Why do you cold shoulder me? 너 왜 나 무시해?
She cold shouldered me. 그녀가 날 무시해.

시제의 변화는 shoulder에 주시면 돼요. 그녀가 나를 현재 무시한다면 cold shoulders, 과거에 무시했다면 cold shouldered라고 할 수 있어요. 아주 간단하죠? 이번에는 친한 친구가 다른 친구에게 굉장히 차갑고 쌀쌀맞게 대하고 있어요. cold shoulder를 사용해 이렇게 말해보세요.

Stop giving her the cold shoulder.
개한테 그만 쌀쌀맞게 굴어.

cold shoulder는 누군가와 갈등을 겪고 있을 때 자주 사용돼요. 동사 give를 붙여 give cold shoulder라고도 하니 함께 기억해 두시면 좋아요. 누군가에게 '쌀쌀맞게 대하다', '차갑게 대하다'라는 같은 뜻이랍니다.

45-2.mp3

요즘 영어로 말해보자! //

1 나 무시하지 마. Don't give me a _____.

2 그녀가 그에게 쌀쌀맞게 굴어. She's giving him the _____.

정답 **1** cold shoulder **2** cold shoulder

164

LET THE BEAT DROP!

챈트로 오늘 배운 표현을 익혀보자. 비트주세요!

Cold shoulder

Cold shoulder

Cold shoulder

Cold shoulder

걔가 날 무시해.

She cold shouldered me.

걔한테 그만 쌀쌀맞게 굴어.

Stop giving her the cold shoulder.

너 왜 나 무시해?

Why do you cold shoulder me?

나 무시하지 마.

Don't give me a cold shoulder.

Sandy가 나한테 화난 것 같아.

I feel like Sandy's mad at me.

왜? 너희 싸우거나 그랬어?

Why? Did you guys have a beef or something?

그건 아닌데, 갑자기 쌀쌀맞게 굴더라고.

We didn't, but she just started to

give me the cold shoulder.

넌 쟤한테 유독 차갑더라.

I feel like you give a cold shoulder

to her especially.

LET THE BEAT DROP!

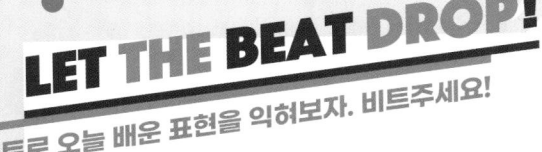

챈트로 오늘 배운 표현을 익혀보자. 비트주세요!

어, 쟤 마음에 안 들어.

Yeah, I don't like her.

왜?

Why is that?

그냥 쟤는 뭔가 기운이 안 좋아. 싸해.

She doesn't give me the good vibes.

샌디는 말투가 너무 쌀쌀맞아.

좀 친절하게 말해줬으면 좋겠어.

Sandy cold shoulders so many people.

I wish she talks more nicely.

샌디가? 샌디 굉장히 친절한 아인데.

You mean Sandy?

I thought she's a really kind person.

헐?

그럼 나한테만 그런 거야?

Seriously?

Was she like that just to me?

DAY 46

Suck it up, Pull oneself together

오디오 클립 듣기

// Suck it up

suck it up은 좋지 않은 일을 '**잘 받아들이다**'라는 뜻이예요. 예를 들어 친구가 계속해서 불평불만을 늘어놓을 때, 그만 불평하고 상황을 받아들이라고 이렇게 말할 수 있어요.

Stop complaining and just suck it up.

불평 그만하고 그냥 받아들여.

살다 보면 항상 좋은 일만 생기지는 않아요. 좋지 않은 일이 생기더라도 감정을 잘 추스르고 받아들이라는 표현이 suck it up이예요. 힘들어도 참고 견디라는 의미인 거죠. 목표를 향해 나아가다 보면 힘들고 지칠 때도 있지만, 끝에는 멋진 결과가 기다리고 있을 거예요. 우리 모두 Suck it up!

요즘 영어로 말해보자! //   46-1.mp3

1 힘들어도 참고 계속 나아가! _____ and keep going!

2 나는 꼭 참고 밤새워서 공부를 해야 했어.
  I had to _____ and pull an all nighter.

정답 **1** Suck it up **2** suck it up

pull an all nighter은 '밤샘 공부를 하다'라는 의미예요.

// Pull oneself together

pull oneself together는 무슨 의미일까요? 함께 당기자는 의미가 아니고요. 감정이 격해져 있을 때 '**침착해**', '**진정하고 정신 차려**'라는 의미로 쓰이는 표현이에요. 예를 들어 친구가 흥분한 상태일 때 마음을 가다듬으라는 의미로 이렇게 말할 수 있어요.

Pull yourself together. 진정해.
Let's pull ourselves together and think.
우리 흥분을 가라앉히고 생각해보자.

이번에는 친구에게 다급하게 연락이 왔어요. 친구에게 보낼 메시지를 실수로 회사 상사에게 잘못 보냈다고 하네요. 친구에게 우선 진정하라고 이렇게 말해보세요.

For now, pull yourself together and delete it if you can. 우선 진정하고 가능하면 삭제해봐.

호랑이 굴에 잡혀가도 정신만 차리면 산다는 속담이 있죠? 누군가 흥분한 상태일 때, 마음을 가다듬고 침착하라고 말하고 싶을 때 pull oneself together 한번 사용해보세요.

46-2.mp3

요즘 영어로 말해보자! //

1 그만 울고 진정해! Stop crying and _____!

2 포기하지 마! 정신 차리고 경기를 끝내.
Don't give up! Just _____ and finish the race.

정답 **1** pull yourself together **2** pull yourself together

LET THE BEAT DROP!

챈트로 오늘 배운 표현을 익혀보자. 비트주세요!

Pull myself together
Pull yourself together
Pull myself together
Pull yourself together
침착해. 흥분을 가라앉혀.
Pull yourself together.
침착하자. 흥분하지 말자.
Pull myself together
우리 차분하게 생각해보자.
Let's pull ourselves together and think.
좀 침착하고 차분하게 있어봐.
Calm down and pull yourself together.
너의 솔직한 조언이 필요해.
I need your down to earth advices.
무슨 일 있었어?
What happnened?
나 감정 컨트롤을 못하고 친구한테 소리를 질러 버렸어.
I couldn't pull myself together
and yelled at my friend.
<이프 온리>라는 영화 봤어?
Did you watch the movie called <If only>?

169

LET THE BEAT DROP!

챈트로 오늘 배운 표현을 익혀보자. 비트주세요!

당연하지. 그 영화 보고 감정 추스르는 데 좀 오래 걸렸어.

It took me a while to pull myself together

after that movie.

아, 그 느낌 뭔지 너무 잘 알아. 공감해.

I 100% feel that.

아악! 톡 잘못 보냈어!

친구한테 보냈어야 하는데 선생님께 보냈어.

Holy moly!

I was gonna send it to my friend,

but I sent it to my teacher.

왜 그랬어?

Why on earth did you do that?

어떡하지? 어떡하지?

What should I do?

What should I do?

침착해. 아직 안 보셨으면 삭제해.

For now, pull yourself together

and delete it if you can.

Make it work, Work for me

오디오 클립 듣기

// Make it work

make it work는 직역하면 '그것이 작동하도록 만들다'인데요. 상황에 따라 무엇을 '가능하게 하다'라는 의미로 쓸 수 있는 표현이에요. 예를 들어 컴퓨터가 고장 났다고 하니 친구가 이렇게 말하네요.

Let me try to make it work. 내가 고쳐볼게.

작동을 가능하게 한다는 뜻이니, 즉 '고친다'라는 의미가 되겠죠? 이번에는 친구가 파티에 초대를 했어요. 너무 바빠서 시간에 맞춰갈 수 있을지 모르겠을 때 I'll try and make it work.라고 하면 '최대한 맞춰 볼게', '가보도록 해볼게'라는 의미가 돼요. make it work는 여러 가지 의미로 쓰이는 표현이에요. 상황에 맞춰 자연스럽게 해석해 주세요.

요즘 영어로 말해보자! //

47-1.mp3

1 이 프린터 작동이 안 돼? 너 이거 고칠 수 있어?

The printer isn't working. Can you _____?

2 이거 어떻게 작동시키는지 모르겠어. I don't know how to _____.

정답 **1** make it work **2** make it work

171

// Work for me

work는 '일하다'라는 의미로 많이 쓰이는 동사인데요. **work for somebody**가 되면 '~을 위해 일하다'라고 이해할 수 있지만, 실생활에서는 '**괜찮다**', '**좋다**'라는 뜻으로 많이 쓰여요.

A : **When would you like to eat dinner?**

저녁 언제 먹을래?

B : **5'o clock works for me.**　　나는 5시가 괜찮아.

쉽게 말해 work for me는 어떤 것이 또는 무언가를 하는 것이 나도 좋을 때 쓰는 표현이에요. 이번에는 내가 아니라 상대방에게 괜찮은지 물어볼까요?

Does it work for you?　　너 이거 괜찮아?

내가 괜찮으면 work for me, 네가 괜찮으면 work for you, 그녀가 좋으면 work for her라고 해요. 누가 괜찮은지에 따라 어떤 대상이든지 넣을 수 있어요. 상대방의 의견에 동의할 때 이제 Yes 대신 work for 사용해 보세요.

요즘 영어로 말해보자! //━━━━━━━━━━━━━━━━━━　　47-2.mp3

1 A : 먼저 영화 보고 저녁 먹는 거 어때?

　　How about seeing a movie first and then have dinner?

　　B : 난 좋아. It ＿＿＿＿＿＿＿＿＿＿＿.

2 너에게도 괜찮으면 좋겠다. Hope it ＿＿＿＿＿＿＿＿＿.

정답　**1** works for me **2** works for you

172

LET THE BEAT DROP!

챈트로 오늘 배운 표현을 익혀보자. 비트주세요!

Work for

Work for

Work for

Work for

나에겐 괜찮아. 난 좋아.

It works for me.

너도 괜찮니?

Does it work for you?

다른 사람들도 괜찮대?

Does it work for other people too?

너에게도 괜찮으면 좋겠다

Hope it works for you.

우리 언제 만날까?

When should we meet up?

금요일 이후에 괜찮아?

How about after Friday?

그러면 일요일 어때?

What about Sunday then?

난 괜찮아! 난 좋아!

It works for me.

LET THE BEAT DROP!

챈트로 오늘 배운 표현을 익혀보자. 비트주세요!

저녁 언제 먹을래?

When would you like to eat dinner?

나는 5시가 괜찮아.

5'o clock works for me.

그래. 그러면 딱 5시에 집에서 나가자.

Okay.

Let's leave the house at exactly 5 then.

샌디 생일 선물 뭐로 살까?

What should we buy for Sandy's birthday gift?

음악이랑 관련된 거는 어때?

Maybe something related to music?

헤드폰 괜찮을 것 같은데?

I think a headphone will work for her.

괜찮은데? 그럼 그걸로 하자.

That's pretty awesome.

Let's stick with that.

A pain in the neck, Bug

오디오 클립 듣기

// A pain in the neck

어떤 일이 굉장히 성가시고 귀찮을 때 뒷골이 당기지 않나요? 영어에도 비슷한 표현이 있는데요. 바로 **a pain in the neck**입니다. pain은 '통증', '고통'이라는 뜻이지만, **귀찮고 성가신 일이나 사람**을 나타내기도 해요.

My laptop is a pain in the neck!

내 노트북 골칫거리야!

You're a pain in the neck! 넌 정말 골칫거리야!

물건뿐만 아니라 사람이나 상황도 a pain in the neck이라고 할 수 있어요. 쉬는 날 전화 오는 직장 상사, 힘든 출퇴근 길, 귀찮고 성가신 일 모두 a pain in the neck이랍니다.

요즘 영어로 말해보자! //   48-1.mp3

1 이 숙제 정말 골치 아파. This homework is _____.

2 걔가 자꾸 전화하는데 슬슬 짜증 나려고 해.

   She keeps calling me and is now becoming _____.

정답   **1** a pain in the neck **2** a pain in the neck

// Bug

누군가가 귀찮게 군다는 표현을 하나 더 배워볼게요. 바로 bug입니다. bug는 원래 벌레나 작은 곤충을 뜻하는데요. 모기나 파리가 옆에서 윙윙거리면 정말 성가시죠? 그래서 **bug**가 '**괴롭히다**', '**귀찮게 하다**'라는 뜻으로도 쓰이게 됐어요. 무언가가 혹은 누군가가 나를 너무 귀찮게 할 때 이렇게 말할 수 있어요.

That bugs me a lot. 그게 날 엄청 성가시게 해.
She bugs me all the time. 그 애는 날 항상 귀찮게 해.

해야 할 일이 많아서 바쁜데 친구가 계속 장난을 치면 이렇게 말할 수 있어요. Stop bugging me. (귀찮게 하지 마.) 반대로 내가 친구를 귀찮게 하는 것 같을 때는 이렇게 말해요.

Am I bugging you right now?

내가 지금 너 귀찮게 하고 있어?

bug는 실생활에서 굉장히 자주 쓰이는 표현이에요. 벌레처럼 나를 귀찮게 하는 무언가가 있다면 꼭 사용해 보세요.

요즘 영어로 말해보자! //

48-2.mp3

1 귀찮게 하지 마. 나 진짜 일해야 돼.

Don't _____ me. I really need to work.

2 내 동생이 성가신 질문으로 날 귀찮게 해.

My brother _____ me with his annoying questions.

정답 **1** bugging **2** bugs

176

LET THE BEAT DROP!

챈트로 오늘 배운 표현을 익혀보자. 비트주세요!

Bug, Bug

Stop bugging me.

Bug, Bug

Stop bugging me.

귀찮게 하지 마.

Stop bugging me.

그게 날 엄청 성가시게 해.

That bugs me a lot.

그 애는 날 항상 귀찮게 해.

She bugs me all the time.

내가 혹시 지금 너 귀찮게 하고 있어?

Am I bugging you right now?

걔한테 문자 보낼까 말까?

Should I text him or not?

문자 하나에 뭘 그렇게 고민해.

Don't think too hard over just a text.

걔가 귀찮아할까 봐 무서워.

I am scared that I might be bugging him.

내가 공부할 때 말 좀 안 걸면 안 돼?

Can you stop talking to me

when I'm studying?

LET THE BEAT DROP!

챈트로 오늘 배운 표현을 익혀보자. 비트주세요!

엄청 심심하단 말이야!

I'm really bored though!

나 내일 시험 있어.

망치면 네가 책임질 거야?

I have an exam tomorrow.

What are you gonna do if I screw it up?

알았어, 더 이상 귀찮게 안 할게.

Okay, I won't bug you anymore.

나 부탁이 있는데 말해도 될까?

Can I ask you something?

그럼! 부담 없이 말해.

Of course! Feel free to ask.

그 숙제 너무 모르겠어서.

내가 귀찮게 하는 거 아니지?

I'm having hard time with this homework.

I'm not bugging you, right?

아니야. 도와줄게.

Not at all.

I'll help you for sure.

DAY 49 Burn, Roast

오디오 클립 듣기

// Burn

오늘은 '불'에 관련된 표현을 배워볼게요. burn은 '타다', '태우다'라는 의미로 가장 많이 쓰이는데요. 누군가를 **화나게 하다**', '**분통을 터지게 하다**'라고 할 때도 **burn**을 사용해요. 아주 심하게 화가 났을 때는 burn up이라고 해요.

That attitude really burns me up!

저런 태도는 정말 날 화나게 해!

burn에는 누군가를 화나게 한다는 의미뿐만 아니라 **남에게 '깊은 상처를 입히다**'라는 의미도 있어요. I didn't mean to burn you. 너를 태우려 했다는 무서운 말이 아니고요. '너한테 상처 줄 생각은 없었어.'라는 의미예요. 누군가를 화나게 하거나 상처를 줄 때 burn이 사용된다는 점 기억해 주세요.

요즘 영어로 말해보자! //

49-1.mp3

1 그가 나를 대하는 태도가 정말 화가 나.

The way he treats me really _____ me up.

2 그녀가 바람피워서 그가 상처받았어. She _____ him by cheating.

정답 **1** burns **2** burned

179

// Roast

로스트 치킨이나 로스팅 커피라는 말 많이 들어보셨죠? **roast**는 원래 '굽다', '볶다'라는 뜻인데요. 이 표현을 사람에게 쓰면 누군가를 '**놀리다**', '**비꼬다**'라는 의미가 돼요. 우리도 사람을 못살게 굴 때 달달 볶는다고 하죠? 비슷한 표현이에요.

A : **You look so cheesy today.**

너 오늘 되게 느끼해 보인다.

B : **You just want to roast me.**

너 그냥 나 놀리고 싶은 거잖아.

roast는 누군가를 신랄하게 비난할 때도 쓰이지만, 주로 놀리고 조롱한다는 의미로 많이 쓰여요. 속된 말로 디스한다고 하죠? 비슷한 표현이에요. 놀리는 사람이 있으면 당하는 사람도 있듯 roast someone이라고 하면 누군가를 놀리는 거지만, 반대로 get roasted라고 하면 놀림을 당하는 입장이 돼요.

You got roasted.   너 완전 디스 당했어.

놀림을 당하고 싶지 않다면 다른 사람을 비난하거나 흉보지 말아 주세요. 누군가를 roast 하기보다는 서로서로 좋은 말 많이 해주도록 해요.

49-2.mp3

요즘 영어로 말해보자! //

1 너 나 디스 했어? Did you _____ me?

2 디스 당하기 싫으면 아무 말도 하지 마.

Don't say anything unless you wanna get _____.

정답 **1** roast **2** roasted

180

LET THE BEAT DROP!

챈트로 오늘 배운 표현을 익혀보자. 비트주세요!

Roast, Roast, Roast

Roast me

Roast, Roast, Roast

Roast me

너 나 디스 했어? 깠어?

Did you roast me?

나한테 디스 좀 그만해!

Stop roasting me!

너 완전 디스 당했어.

You got roasted.

우리는 항상 서로를 갈궜어.

We used to roast each other all the time.

너 오늘 되게 느끼해 보인다.

You look so cheesy today.

그래그래. 그냥 나 디스하고 싶은 거잖아.

Yeah right. You just want to roast me.

응. 너만 보면 항상 놀리고 싶어.

I can't stop teasing when I see you.

나랑 샌디랑 어제 만나서 너 얘기했었다?

Sandy and I met yesterday

and talked about you.

그래서 뭐라고 했는데? 내 욕 했지?

And? Did you guys roast me?

어떻게 알았어?

엄청 욕했지!

How did you know that?

We roasted you a lot!

너는 마이크랑만 만나면 서로 너무 디스하더라.

You and Mike roast each other

so bad all the time.

우린 원래 그래.

That's how we roll.

근데 그러다가 사귀게 되는 거 아니야?

Aren't you guys going to end up

dating each other?

야! 그만해 말도 안 되는 소리 하지 마!

Hey, stop it!

That's enough!

Make up, Catch up

오디오 클립 듣기

// Make up

make up은 '화장'이라는 뜻으로 익숙한 표현이죠? 하지만 화장이라는 의미 외에도 **잘못된 것을 수정하거나 놓친 것을 채울 때** make up이라고 해요.

I got a make up class next week.

나 다음 주에 보강 수업 있어.

빠진 수업을 채우는 수업이니 make up class는 '보강 수업'이 되겠네요. 화장을 배우는 수업이 아니랍니다. 그리고 make up은 싸운 뒤 **'화해하다'**라는 의미도 있어요. 아이들이 다퉜을 때 부모님이 kiss and make up이라고 하면 '화해해'라는 의미가 돼요. make up은 다양한 뜻을 가진 아주 유용한 표현이에요. 꼭 기억하도록 해요.

요즘 영어로 말해보자! //   50-1.mp3

1 밀린 시간 채우려면 주말 내내 일해야 해.

I need to work all weekend to _____ the time I missed.

2 걔네들 싸우고 나서 화해했다는 얘기 들었어.

I heard that they _____ after their fight.

정답 **1** make up **2** made up

// Catch up

catch는 '잡다'라는 의미지만, **catch up**은 무언가를 '**따라잡다**'라는 표현이에요. 사람을 따라잡을 수도, 추상적인 대상을 따라잡을 수도 있는데요. 주로 뒤에 on을 넣어서 무엇을 따라잡아야 하는지 함께 덧붙여줘요.

I need to catch up on the classes.

밀린 진도 따라잡아야 돼.

Go on ahead. I'll catch up with you.

먼저 가. 곧 따라갈게.

catch up은 상대방과 '**소식을 나누다**'라는 의미로도 쓰여요. 상대가 누구인지 밝히려면 뒤에 with를 쓰면 돼요.

It was so lovely catching up with you.

너랑 얘기해서 너무 즐거웠어.

우리도 '밥 한번 먹자'는 말이 꼭 밥을 먹자는 표현이 아니듯, 밀린 소식을 나누려면 만나야 하니 catch up을 '만나자', '얘기하자'라고 해석하셔도 좋아요.

요즘 영어로 말해보자! //   50-2.mp3

1 너희 먼저 가. 나 금방 따라갈게. **You guys go ahead. I'll** _____.

2 업무가 너무 뒤처져서 내가 빨리 따라잡아야 할 텐데.

　 I'm so behind in work and I hope I can _____.

　　정답　**1** catch up　**2** catch up

184

LET THE BEAT DROP!

챈트로 오늘 배운 표현을 익혀보자. 비트주세요!

Catch up, Catch up, Catch up

Catch up, Catch up, Catch up

우리 빨리 서로의 소식을 따라잡아야 해.

우리 만나야 해.

We need to catch up soon.

우리 얼른 만나자.

Let's catch up sometime soon.

밀린 진도 따라잡아야 돼.

I need to catch up on the classes.

우리를 빨리 따라잡아! 빨리 와!

You gotta catch up!

저기 혹시 사라 아니니?

Excuse me, aren't you Sarah?

네? 헉! 이게 누구야! 샌디잖아!

Get out of here!

It's you Sandy!

어머! 반갑다!

근데 나 지금 어디 가봐야 해서 곧 한번 보자.

I need to dip right now

but let's catch up soon.

LET THE BEAT DROP!

챈트로 오늘 배운 표현을 익혀보자. 비트주세요!

너 온라인 강의 다 들었어?

Have you watched all of your online classes?

아니 아직. 귀찮아서 계속 미루게 되네.

No, not yet.

I'm so lazy that I keep procrastinate.

나도. 아, 진짜 못 하겠어.

말이 안 나와.

Same here.

I can't even.

그래도 결국 진도는 다 따라잡을 수 있을 거야.

We'll catch up on the classes eventually.

우리 저 카페에서 커피 한 잔할까?

Do you want to have some coffee at that cafe?

그래 좋아!

근데 샌디 어디 갔어?

That works for me!

But where's Sandy?

샌디 저기서 또 거울 보고 있다.

샌디, 빨리와!

Sanday's looking at a mirror again.

You gotta catch up, Sandy!

186

Go with the flow, Make it

오디오 클립 듣기

// Go with the flow

flow는 '흐르다', '흐름'이라는 뜻이에요. 그래서 **go with the flow**를 직역하면 '흐르는 대로 가다'라는 의미가 돼요. 이 표현은 다른 사람의 의견에 반대하지 않고 자연스럽게 상황의 흐름에 맡긴다는 뜻이에요. 쉽게 말해 **대세를 따른다**는 거죠. 예를 들어 남들이 커피를 마시니 나도 커피를 시키고, 회의 시간에 모두가 yes라고 하니 나도 yes라고 하는 것과 비슷해요.

Everyone wanted to go home so I went with the flow.
모두들 집에 가고 싶어 해서 나도 대세를 따랐어.

뭔가를 할 때 깊게 생각하기 싫으면 남들이 하는 대로 그대로 따라 하기도 하죠? 물결 흐르는 대로 같이 흐르는 것을 go with the flow라고 한답니다.

요즘 영어로 말해보자! //   51-1.mp3

1 눈에 띄고 싶지 않으면 그냥 대세에 따라.
   You just _____ if you don't wanna stand out.

2 그냥 대세에 따르는 게 최고야. It's best to just _____.

정답　**1** go with the flow **2** go with the flow

// Make it

make는 '만들다'라는 뜻으로 가장 많이 쓰이지만, 상황에 따라 여러 가지 의미로 해석이 가능해요. 오늘 배울 **make it**은 '**성공하다**', '**해내다**'라는 뜻이 있어요. 목표를 달성했거나 원하던 바를 이루어 냈을 때 make it이라고 해요.

You'll make it. 너는 해낼 거야.

I don't think I can make it. 나는 못 할 것 같아.

누군가를 응원할 때 You can make it!이라고 하면 '넌 해낼 수 있어!'라는 의미가 돼요. 그뿐만 아니라 make it에는 **어떤 장소에 '시간 맞춰 가다**', '**도착하다**'라는 뜻도 있어요. 시간 내에 원하는 목적지에 도착했을 때 make it이라고 하는 거죠.

A : I don't think I can make it in time.

나 제시간에 도착하지 못할 거 같아.

B : It's okay if you don't make it in time.

좀 늦게 도착해도 괜찮아.

무언가를 이루어 내거나 목적지에 도착했을 때 make it 사용해 보세요.

51-2.mp3

요즘 영어로 말해보자! //

1 계속 열심히 하면 우린 언젠가 해낼 거야.

Keep working hard and we'll _____.

2 나 제시간에 도착했어. I _____ in time.

정답 **1** make it **2** made it

LET THE BEAT DROP!

챈트로 오늘 배운 표현을 익혀보자. 비트주세요!

Make it, Make it

Make it, Make it

Make it, Make it

You'll make it.

너는 해낼 거야.

You'll make it.

나는 그걸 못 할 것 같아.

I don't think I can make it.

제시간 안에 도착했어.

I made it in time.

제시간에 도착 못할 거 같아.

I don't think I can make it in time.

지금 차가 너무 막혀.

Hey, the traffic's really bad right now.

좀 늦게 도착해도 괜찮아. 걱정 마.

It's okay if you don't make it in time.

No worries.

너무 고마워. 다시 전화할게.

Thank you so much. I'll call you again.

대박! 너무 좋아! 나 그 일을 해냈어!

Oh my god! I made it!

I'm so happy!

LET THE BEAT DROP!

챈트로 오늘 배운 표현을 익혀보자. 비트주세요!

정말? 축하해!

근데 무슨 일을 해낸 거야?

Congratulations!

What did you just do?

게임 최고 레벨에 도달했어!

I reached the highest level in this game!

왜 이렇게 오늘 피곤해 보여?

Why do you look so run down today?

걱정이 많아 잘 못 잤어.

내가 할 수 있을까?

I had too much things to worry.

Do you think I can make it?

당연하지.

넌 할 수 있어. 걱정 마!

No doubt about that.

You'll make it.

Don't worry!

Sneak peek, Binge watching

오디오 클립 듣기

// Sneak peek

sneak은 무언가를 남몰래 한다는 의미이고, peek은 몰래 엿본다는 뜻이에요. 그래서 **sneak peek**이라고 하면 '**미리 맛보기**', '**살짝 엿보기**'라는 뜻으로, 아직 개봉하지 않은 영화나 발매되지 않은 음악의 예고편, 혹은 출시되기 전인 상품을 미리 써보는 것을 이야기해요.

I took a sneak peek at a new movie.

나 새로 나올 영화를 미리 살짝 봤어.

sneak peek은 TV나 광고 문구에서 흔히 볼 수 있는 표현이에요. 동사 take나 get과 함께 take a sneak peek 또는 get a sneak peek이라고 자주 쓰이니 함께 기억해 주세요.

요즘 영어로 말해보자! //

52-1.mp3

1 새로운 아이폰 출시 전에 미리 봤어.

I got a _____ of the new iphone.

2 프로그램이 출시되기 전에 먼저 체험해보세요.

_____ at the new program before it goes live.

정답 **1** sneak peek **2** Take a sneak peek

// Binge watching

binge watching은 넷플릭스나 유튜브 같은 영상 콘텐츠가 많이 생기기 시작하면서 쓰이기 시작한 표현이에요. binge가 음식이나 술을 흥청망청 먹거나 마신다는 의미가 있는데요. 거기에 watching이 더해져 **binge watching**, '**몰아보기**'라는 표현이 만들어졌어요.

A : **What are you going to binge watch?**

뭐 몰아서 볼 거야?

B : **I'm binge watching \<Kingdom\>.**

나 킹덤 몰아보고 있어.

몰아보는 중이면 be binge watching, 몰아 봤다면 binge watched라고 하면 돼요. watch를 이용해 시제를 바꿀 수 있어요. 그런데 드라마는 역시 몰아 보는 게 제일 재미있죠?

Binge watching is the best.

한 번에 몰아서 보는 게 최고야.

우리나라뿐만 아니라 외국에도 영화나 드라마를 몰아보는 사람이 많은가 봐요. 무언가를 한 번에 몰아서 볼 때 쓰이는 말, binge watching 기억해 주세요.

53-2.mp3

요즘 영어로 말해보자! //

1 이 시즌 영상 다 몰아서 보자. Let's _____ this season.

2 몰아서 볼만한 것 추천 좀 해줄래? Any recommendations for _____?

정답　**1** binge watch　**2** binge watching

192

LET THE BEAT DROP!

챈트로 오늘 배운 표현을 익혀보자. 비트주세요!

Binge watching

Binge watching

Binge watching

Binge watching

한 번에 몰아서 보는 게 최고야.

Binge watching is the best.

뭐 몰아서 볼 거야?

What are you going to binge watch?

이 시즌 영상 다 몰아서 보자.

Let's binge watch this season.

몰아서 볼만한 것 추천 좀.

Any recommendations for binge watching?

나 지금 너무 신나.

I'm so hyped right now.

나도. 드디어 주말이네.

주말에 뭐 할 거야?

Same. It's finally weekend.

What are you up to this weekend?

나는 넷플릭스에서 <킹덤> 몰아서 볼 거야.

I'm going to binge watch <kingdom> on Netflix.

나 어제 거의 잠을 못 잤어.

I barely slept last night.

LET THE BEAT DROP!

챈트로 오늘 배운 표현을 익혀보자. 비트주세요!

왜? 혹시 또 영상 몰아서 봤어?

Why is that?

Were you binge watching again?

너무 재밌는 드라마 시리즈 찾아서

끝까지 봐야만 했어.

Yeah, I found a really good drama series

so I had to finish it.

너 이러다 쓰러져.

Bruh, You're gonna pass out.

온라인 강의 다 들었어?

그거 이번 주 금요일까지 다 들어야 해.

Did you watch all the online classes?

We need to finish them by this Friday.

응, 안 그래도 오늘 내일 몰아서 들으려고.

Yeah, I was about to binge watch them

today and tomorrow.

그게 가능해?

Is that even possible?

Cozy, Comfy

오디오 클립 듣기

// Cozy

오늘은 편안함을 나타내는 단어를 배워 볼게요. 첫 번째로 **cozy**는 '**아늑한**', '**편안한**' 이라는 의미예요. 주로 **포근한 분위기나 기분 좋고 편안한 감정을 나타낼 때** cozy를 사용해요.

This room looks neat and cozy.

이 방은 깨끗하고 아늑해 보여.

This coffee makes me feel cozy.

이 커피는 나를 편안하게 해.

특히 레스토랑이나 카페에서 cozy라는 이름을 많이 사용하는데요. 편안하고 아늑한 분위기에서 즐기다 가라는 의미로 그렇게 지었겠죠? 참고로 미국식 철자는 cozy, 영국식 철자는 cosy예요. 둘 다 같은 의미랍니다.

요즘 영어로 말해보자! //

53-1.mp3

1 핫초코는 날 기분 좋게 해.

The hot chocolate makes me feel _____.

2 저 작은 카페 아늑해 보여. That small cafe looks _____.

정답 **1** cozy **2** cozy

// Comfy

comfy는 comfortable의 줄임말로 '편안한', '편한'이라는 뜻이에요. 예를 들어 카페에 갔는데 의자가 너무 푹신해서 편하다든가 새로 산 신발이 너무 가벼워서 편할 때가 있죠? 그때 그 물건을 comfy 하다고 해요.

This chair is so comfy. 이 의자 너무 편하다.

Let's have comfy shoes on. 우리 편한 신발 신자.

comfy는 옷이나 신발에 자주 사용되는 표현이에요. 편안한 잠옷은 comfy pajamas, 편안한 침대는 comfy bed라고 해요. 그런데 물건이 편할 때뿐만 아니라 어떤 사람이나 장소가 나를 편안하게 할 때도 있죠? 그럴 때는 나의 마음이 comfy 하다고 할 수 있어요.

She makes me feel comfy. 그녀는 나를 편안하게 해.

comfortable은 단어도 길고 발음하기도 어려운데, comfy라고 줄여서 말하니 아주 편하지 않나요? 어떤 물건이 편하거나 내 마음이 편안할 때 comfy 한번 사용해 보세요.

요즘 영어로 말해보자! //

1 그 새 베개들 정말 편해 보여. Those new pillows look so _____.

2 우리가 함께 있을 때 그는 날 편안하게 해.

He makes me feel _____ when we are together.

정답   **1** comfy **2** comfy

LET THE BEAT DROP!

챈트로 오늘 배운 표현을 익혀보자. 비트주세요!

Comfy, Comfy

Comfy, Comfy

Comfy, Comfy

Comfy, Comfy

이 의자 진짜 편하다.

This chair's so comfy.

편한 옷이 최고지.

Comfy clothes are the best.

우리 편한 신발로 신자.

Let's have comfy shoes on.

저 애는 날 참 편안하게 해줘.

She makes me feel comfy.

네가 좋아하는 옷 스타일은 뭐야?

What kind of fashion style do you like?

나는 편한 옷을 좋아해.

I like clothes that are comfy.

오, 내 마음 읽은 줄! 나도!

Did you read my mind? Same!

우리 이번엔 어디 놀러 갈까?

Where should we go this time?

등산하면 좋을 것 같은데?

How about going on a hike?

LET THE BEAT DROP!

챈트로 오늘 배운 표현을 익혀보자. 비트주세요!

오! 그거 멋지다!

그럼 편한 신발 신고 만나야겠다.

That would be chill!

We should wear comfy shoes then.

이 의자 너무 편하다.

This chair is so comfy.

그치? 저번에 너무 편해서 잠들 뻔했어.

Right? I almost fell asleep there

because it's so comfy.

맞아. 아 진짜 솔직히 여기서 하루 종일 있고 싶어.

Yeah. Lowkey I just want to stay here all day.

그래도 우리 마무리할 일이 있잖아.

이제 가자.

We have things to wrap up though.

Let's hit the road.

Bugaboo, Company

오디오 클립 듣기

// Bugaboo

bugaboo는 [버가부]라고 읽는데요. 원래는 '도깨비', '요괴'를 의미하지만, 요즘은 **시도 때도 없이 연락이 오는 귀찮은 존재, 집착남, 집착녀**를 가리키기도 해요. 예를 들어 여자친구가 쉴 새 없이 연락을 해서 너무 힘들다면 이렇게 말할 수 있어요.

She is such a bugaboo. 그녀는 정말 집착녀야.

누군가에게 하루 종일 연락이 오면 정말 너무 힘들겠죠? 이번에는 친구에게 집착하지 말라고 조언을 해볼게요. Stop texting before he thinks you are a bugaboo. (그 사람이 너 집착한다고 생각하기 전에 연락 그만해.) 도깨비처럼 사람들을 도망치게 만들지 않으려면 bugaboo가 되지 않도록 조심하세요.

요즘 영어로 말해보자! //

54-1.mp3

1 너 왜 이렇게 집착해? 이 집착쟁이야.

Why are you being so clingy? _____.

2 더 이상 그를 못 견디겠어. 완전 집착남이야.

I can't stand him. He's such a _____.

정답 **1** Bugaboo **2** bugaboo

// Company

company라고 하면 아무래도 '회사'라는 의미가 가장 먼저 떠오르는데요. 일상생활에서는 주로 같이 있는 '**일행**'이나 '**손님**'을 company라고 해요.

I have a company right now.

나 지금 사람들이랑 같이 있어.

I'll have a company tonight.

오늘 밤에 내 친구들이 방문할 예정이야.

함께 있는 사람들이나 집에 찾아오는 손님을 company라고 할 뿐만 아니라 누군가와 함께 있을 때도 company를 사용할 수 있어요. **keep somebody company**는 누군가의 '**곁에 있어 주다**', '**시간을 함께 보내다**'라는 의미예요.

Thanks for keeping me company.

나랑 함께 있어줘서 고마워.

주로 그 사람이 혼자 있을 때 함께 있어준다는 의미로 keep somebody company를 사용해요. '같이 있는 사람', '같이 시간을 보내다'라고 할 때 company 한번 사용해 보세요.

요즘 영어로 말해보자! //————————————————————— 54-2.mp3

1 오늘 저녁에 올 손님이 있어.

I have a _____ coming over this evening.

2 밥 먹는 동안 옆에 있어 줄게. I'll keep you _____ while you eat.

정답　**1** company **2** company

LET THE BEAT DROP!

챈트로 오늘 배운 표현을 익혀보자. 비트주세요!

Company, Company

I enjoy your company.

Company, Company

I enjoy your company.

지금 사람들이랑 같이 있어.

I have a company right now.

오늘 밤에 내 친구들이 방문할 예정이야.

I'll have a company tonight.

너랑 시간 보내는 게 좋아.

I enjoy your company.

나랑 함께 있어줘서 고마워.

Thanks for keeping me company.

지금 뭐하고 있어?

What's up?

나 지금 집을 치우고 있어.

친구들이 곧 오기로 해서.

I'm cleaning up the house.

I'm having a company over soon.

그렇구나. 즐거운 시간 보내.

I see. Hope you have fun with them.

LET THE BEAT DROP!

챈트로 오늘 배운 표현을 익혀보자. 비트주세요!

오늘 뭐 할래?

What should we do today?

아무거나 다 괜찮아.

Anything works for me.

나도. 시간 같이 보내는 거 자체가 좋아.

Same.

I just enjoy your company so much.

헐! 우리 벌써 1시간이나 전화했어.

Holy cow!

We talked almost an hour already.

그러게. 이야기하니까 기분이 좀 나아졌어?

Yeah. Do you feel better now?

응! 되게 마음이 외로웠는데

같이 시간 보내줘서 고마워.

A lot better.

Thanks for keeping me company.

Guilty pleasure, Catchy

오디오 클립 듣기

// Guilty pleasure

guilty는 '죄책감이 드는'이라는 뜻이고, pleasure은 '기쁨'이라는 뜻이에요. **guilty pleasure**를 직역하면 '죄책감이 드는 기쁨'이라는 뜻으로, **하면 안 될걸 알면서도 했을 때 기쁨을 주는 일, 죄책감은 들지만 너무 좋아서 하게 되는 행동**을 말해요.

Playing hooky is my guilty pleasure.

죄책감은 들지만 수업 땡땡이치는 게 너무 좋아.

요즘은 무조건 먹고 싶은 걸 참기보단 일주일에 한 번 정도 먹고 싶은 음식을 먹으며 다이어트하는 분들이 많죠? 이때 일주일에 한 번 먹는 맛있는 음식이 바로 guilty pleasure예요. 약간의 죄책감이 들지만, 기쁨을 주는 행동인 거죠. 살다 보면 죄책감이 느껴지는 일도 종종 있지만, 나만 즐거우면 됐죠!

요즘 영어로 말해보자! //

55-1.mp3

1 아이스크림 한 스쿱씩 더 얹어 먹는 거 좀 찔리지만 너무 좋아.

Having an extra scoop of ice cream is my _____.

2 저녁 전에 디저트 먹는 건 좀 찔리지만 그래도 좋아.

Having dessert before dinner is my _____.

정답 **1** guilty pleasure **2** guilty pleasure

// Catchy

catch는 무언가를 '잡다', '받다'라는 뜻이죠? 그래서 무언가에 딱 잡혀 버린 것처럼 머리에서 떠나지 않는 중독적인 것을 **catchy** 하다고 해요. 주로 **기억하기 쉽고 따라하기 쉬운 문구나 노래를 설명할 때** 자주 사용돼요.

K-pop music is super catchy.

케이팝 음악은 진짜 중독성이 강한 것 같아.

This word is so catchy.　이 단어 기억하기 쉽네.

시험을 앞두고 중독성이 강한 노래를 들으면 시험 내내 그 노래가 생각나서 집중하기 힘들지 않나요? 그래서 우리도 수능 금지곡들이 있잖아요. 그 노래가 너무 catchy 하기 때문이에요.

This song has a catchy hook.

이 노래 후렴구 진짜 중독적이야.

떠오르는 catchy한 음악이 있나요? 귀에 쏙쏙 들어오는 음악, 기억하기 쉬운 광고 문구, 입에 감기는 노래 가사 모두 catchy 하다고 할 수 있어요.

요즘 영어로 말해보자! //

55-2.mp3

1 우리는 회사 이름을 기억하기 쉽게 만들어야 돼.

We need to make the business name sound ＿＿＿＿＿＿＿＿.

2 선호의 앨범은 중독성이 강한 노래로 꽉 차있어.

Sunho's album is filled with lots of really ＿＿＿＿＿＿ songs.

정답　**1** catchy **2** catchy

LET THE BEAT DROP!

챈트로 오늘 배운 표현을 익혀보자. 비트주세요!

Catchy, Catchy, Catchy

Catchy, Catchy, Catchy

이 노래 중독성 진짜 짱이다.

This song's so catchy.

이 노래 후크 중독적이다.

This song has a catchy hook.

케이팝 음악은 진짜 중독적인 것 같아.

K-pop music is super catchy.

이 단어 완전 뇌리에 박히는 듯.

This word is so catchy.

지금 나오는 노래 뭐야?

What is this song called

that's playing right now?

하선호의 <돌멩이>야.

This is <돌멩이> by Ha Sunho.

와, 진짜 중독적이다!

Wow, It's so catchy!

나 춤추고 싶은데, 어떤 곡이 좋을까?

I want to dance right now.

What song should I dance to?

음, 비욘세의 <Love on Top> 어때?

Hmm, how about <Love on Top> by Beyonce?

LET THE BEAT DROP!

챈트로 오늘 배운 표현을 익혀보자. 비트주세요!

오, 그 노래 진짜 중독적이던데.

그걸로 해봐야겠다.

Oh my god, that song's so catchy.

I'm gonna try with that.

나 내일 시험인데, 팁 있어?

I have an exam tomorrow,

any tips for me?

오늘 절대 중독성 강한 노래 듣지 마.

Do not listen to any of those catchy songs.

왜?

Why?

시험 볼 때 계속 생각난다더라.

I heard those songs can be stuck

in your head while you take the exam.

DAY 56

Give it a shot, Cut out

// Give it a shot

무언가를 '시도하다'라고 할 때 try만 쓰셨나요? try 만큼 많이 쓰는 표현이 있어요. 바로 give it a shot입니다. **give it a shot**은 '**한번 해보다**', '**시도해보다**'라는 의미예요. 예를 들어 친구가 무언가를 하길 망설이고 있다면 이렇게 말해보세요.

Just give it a shot. 그냥 한번 해 봐.

Why don't you give it a shot?

한번 시도해보는 게 어때?

it 자리에 him이나 her 같은 대명사를 넣으면 그 사람에게 '기회를 준다'는 의미가 돼요. I think you should give him a shot. (난 네가 그에게 기회를 줘야 한다고 생각해.) 뭔가를 할까 말까 고민이 된다면 한번 시도해 보세요. Just give it a shot!

요즘 영어로 말해보자! // 56-1.mp3

1 어차피 잃을 것도 없잖아. 그냥 한 번 해봐.

You've got nothing to lose. Just _____.

2 한번 시도해보는 게 어때? How about _____?

정답 **1** give it a shot **2** giving it a shot

207

// Cut out

누군가가 성가시게 하거나 무언가가 신경에 거슬릴 때 '**그만해**', '**멈춰**'라고 하죠? 영어로는 **cut out**이라고 해요. 주로 cut out 뒤에 구체적인 행동을 넣어 그 행동을 멈추라는 의미로 사용해요.

Cut out your bad habits.
너의 안 좋은 습관들을 그만둬.

Cut out all the complaining.
불평 좀 그만해.

cut out뿐만 아니라 cut it out이라고도 하는데요. 지금 하고 있는 바로 그 행동을 그만두라는 뜻이에요. 예를 들어 룸메이트가 늦은 시간까지 시끄럽게 기타를 치거나 교실에서 친구들이 싸울 때 이렇게 말할 수 있어요.

Cut it out! 멈춰!

cut it out은 '멈춰', '그만해'라는 의미의 관용 표현으로 stop 대신 많이 사용돼요. 상황에 알맞게 cut out, cut it out 한번 사용해 보세요.

요즘 영어로 말해보자! //

1 나쁜 관계는 정리해. _____ the toxic relationships.

2 너 이제 그만하는 게 좋을 거야. **You'd better** _____.

정답 **1** Cut out **2** cut it out

LET THE BEAT DROP!

챈트로 오늘 배운 표현을 익혀보자. 비트주세요!

Cut out

Cut out

Cut out

Cut out

멈춰! 그만둬!

Cut it out!

불평 좀 그만해.

Cut out all the complaining.

너의 안 좋은 습관들을 그만둬.

Cut out your bad habits.

해로운 관계는 정리해야 돼.

Cut out the toxic relationships.

너의 6월 목표는 뭐야?

What's your goal for June?

밤마다 먹는 거 그만두고 싶어.

I want to cut out eating at late nights.

할 수 있을 거야!

배달앱부터 지워.

You can do It!

Delete the delivery app first.

오늘 왜 이리 조용해?

Why are you so quiet today?

LET THE BEAT DROP!

챈트로 오늘 배운 표현을 익혀보자. 비트주세요!

Mike랑 싸워서 말할 기분이 아니야.

I had a beef with Mike,

so I don't feel like talking.

그래도 말로 잘 풀어봐.

이렇게 Mike랑 인연 끊을 거 아니잖아.

Try to talk it out though.

You are not going to cut out

the relationship with him.

너무 시끄러워!

그만 좀 해!

It's so noisy!

Cut it out!

나 내일 기타 시험 있어서 연습해야 돼.

I have a guitar test tomorrow,

I need to practice.

그럼 나 나가고 해.

30분 안에 나가.

Do it after I dip out of the house.

I leave in half an hour.

알았어. 귀찮게 했으면 미안해.

Okay. Sorry if I bothered you.

DAY 57

No sweat, Sweat over

// No sweat

여러 사람들과 함께 부딪치며 살다 보면 감사 인사를 주고받을 때가 많은데요. 그럴 때마다 You're welcome만 쓸 순 없죠? 상대방이 감사의 인사를 전할 때 **No sweat**이라고 하면 '**별거 아니에요**'라는 의미가 돼요.

A : **Thank you for helping me out.** 도와줘서 고마워.

B : **No sweat.** 별거 아냐.

sweat은 '땀'이라는 뜻인데요. **땀을 흘리지도 않을 만큼 어떤 일이 '쉽다'**고 표현할 때도 no sweat을 쓸 수 있어요. 예를 들어 기말고사가 너무 쉬웠다면 이렇게 이야기하는 거죠. The final exam was no sweat. 한마디로 식은 죽 먹기 였다는 의미예요. No sweat은 일상에서 자주 쓰이는 표현이에요. 어떤 일이 너무 쉽고, 별일이 아닐 때 꼭 사용해 보세요.

요즘 영어로 말해보자! //
57-1.mp3

1 이번 주말에 네 이사 도와주는 거 정말 별일 아니야.

It's really _____ for me to help you move this weekend.

2 거기 가는 길 찾는 거 쉬워. Finding your way there is _____.

정답   **1** no sweat **2** no sweat

// Sweat over

날씨가 너무 더울 때도 땀이 나지만, 무언가를 열심히 할 때도 땀이 나죠? **sweat over**은 직역하면 무언가 위에 땀을 흘린다는 뜻인데요. 한마디로 땀이 흐를 정도로 '**열심히 노력하다**', '**열심히 일하다**'라는 의미예요. 무엇을 위해 노력했는지 밝히려면 sweat over 뒤에 명사를 넣으면 돼요.

I was sweating over the homework.

나 숙제 진짜 열심히 했어.

뭔가를 정말 열심히 노력할 때도 땀이 나지만, 지나칠 정도로 뭔가를 걱정할 때도 진땀이 나는데요. sweat over에는 '**과도하게 고민하다**', '**걱정하다**'라는 뜻도 있어요.

You don't need to sweat over that.

너무 걱정하지 않아도 돼.

I sweated over that problem all day.

나 하루 종일 그 문제에 대해 고민했어.

땀이 나는 상황을 떠올려 보면 의미가 더 와닿을 거예요. 뭔가를 땀이 흐를 정도로 열심히 하거나, 지나칠 정도로 걱정을 한다는 표현, sweat over 기억해 주세요.

요즘 영어로 말해보자! //

57-2.mp3

1 나 리포트 열심히 쓰는 중이야. I'm _____ the report right now.

2 너무 걱정하지 마. 우리 같이 해 보자.

Don't _____ it. We can do it together.

정답 **1** sweating over **2** sweat over

LET THE BEAT DROP!

챈트로 오늘 배운 표현을 익혀보자. 비트주세요!

Sweat Sweat Over

Over Sweat Over

Sweat Sweat Over

Over Sweat Over

나 숙제 진짜 열심히 했어.

I was sweating over the homework.

나 하루 종일 그 문제에 대해 고민했어.

I sweated over that problem all day.

그 문제에 너무 진 빼지 마.

Don't sweat over that problem.

너무 걱정하지 않아도 돼.

You don't need to sweat over that.

우리 밥 먹으러 나갈까?

Do you want to go out for dinner?

오늘은 못 나가.

리포트 완전 열심히 쓰는 중이야.

I can't.

I'm sweating over this report right now.

오케이. 그럼 오늘 그냥 배달시켜 먹자.

OK. Let's get our food delivered then.

LET THE BEAT DROP!

챈트로 오늘 배운 표현을 익혀보자. 비트주세요!

오늘 방에서 안 나오네?

Why are you not coming out of
your room today?

자격증 준비 진짜 열심히 하고 있어.

I'm sweating over the preparation
for a certificate.

분명 좋은 결과로 돌아올 거야.

I'm sure your hard work will pay off.

고마워. 오늘은 공부에 집중해 볼게.

Thanks.

I'll keep my mind on the studies today.

오늘 되게 스트레스 받아 보인다.

You look so stressed today.

다음 주에 수학 시험인데, 너무 어려워.

I have a math exam next week,
but it's too hard for me.

너무 걱정하지 마.

나랑 같이 공부하자.

Don't sweat over it.

We can do it together.

DAY 58 No doubt, Period

// No doubt

No doubt은 무언가를 확신할 때 쓰는 표현으로, '**의심의 여지가 없다**'는 뜻이에요. 원래는 There is no doubt. 또는 I have no doubt. 이라고 쓰지만, 말할 때는 줄여서 No doubt.이라고도 많이 해요. 이때 doubt의 b는 묵음이라 발음되지 않아요.

No doubt, you'll do great on the test.

난 니가 시험 잘 칠 거라고 확신해.

No doubt은 '꼭 그렇게 할거야'라는 의지를 보여줄 때도 사용할 수 있어요. 예를 들어 친구가 "너 주말에 선호 콘서트 갈 거야?"라고 물으면 이렇게 대답하는 거죠. No doubt! 갈지 말지 의심할 필요가 없다는 의미이니 '무조건', '반드시'라고 해석해도 된답니다.

요즘 영어로 말해보자! //

58-1.mp3

1 걱정 마. 우린 할 수 있어. 확신해!

　Don't worry. We can do it. ＿＿＿＿＿＿＿＿＿!

2 A : 너 오늘 파티에 올 거야? Are you coming to the party tonight?

　B : 무조건 가지! 파티에서 봐. ＿＿＿＿＿＿＿＿＿! I see you there.

정답　**1** No doubt **2** No doubt

215

// Period

period는 문장의 끝에 쓰는 '마침표'라는 뜻이에요. 그런데 대화를 끝맺을 때도 종종 **period**라고 하는데요. 내가 한 말에 대해서 '**반박을 받지 않는다**', '**더 이상 다른 말이 필요 없다**'는 의미예요.

A : **What kind of juice do you like?**

무슨 주스 제일 좋아해?

B : **Orange juice is the best. Period.**

오렌지 주스가 최고지. 반박 불가야.

요즘 10대들이 할 말을 다 한 뒤에 '반박 안 받아요'의 느낌으로 period를 많이 써요. 자신의 감정이나 의지를 단호하고 분명하게 표현하는 거죠.

My mom's the best. Period.

우리 엄마가 최고야! 반박 불가야.

You're super pretty. Period.

너 진짜 너무 예뻐. 반박 불가.

반박의 여지없이 무언가가 최고라고 말하고 싶을 때 period 한번 사용해 보세요.

요즘 영어로 말해보자! //

1 우리 학교가 최고야. 반박 안 받아. My school is the best. _____.

2 선호가 최고의 래퍼야. 반박 불가. Sunho is the best rapper. _____.

정답   **1** Period **2** Period

LET THE BEAT DROP!

챈트로 오늘 배운 표현을 익혀보자. 비트주세요!

Period, Period

P P Period

Period, Period

P P Period

여기 음식 진짜 맛있어. 반박 안 받음.

The food is really good here. Period.

나 진짜 너무 예뻐. 반박 안 받아.

I'm super pretty. Period.

우리 엄마가 최고야. 반박 안 받음.

My mom's the best. Period.

우리 학교가 최고야. 반박 안 받아.

My school's the best. Period.

네가 요즘 좋아하는 넷플릭스 시리즈는 뭐야?

What's your favorite Netflix series?

<킹덤>이지.

정말 최고의 시리즈야. 반박 안 받는다.

<Kingdom>.

It's the best series on Netflix. Period.

나도 그럼 한 번 봐야겠다.

I should try watching it too then.

LET THE BEAT DROP!

챈트로 오늘 배운 표현을 익혀보자. 비트주세요!

아, 목말라.

지금 주스가 너무 마시고 싶어.

I'm so thirsty.

I'm craving juice right now.

무슨 주스 제일 좋아해?

What kind of juice do you like?

딸기 주스가 짱이지.

말이 필요 없어. 반박 불가야.

Strawberry juice is the best. Period.

나 서울 처음 와 보는데, 어디 가볼까?

It's my first time in Seoul.

Where should I go?

북촌 한옥 마을은 꼭 가봐야 해.

진짜 이건 반박 불가.

Bukchon Hanok Village is a MUST. Period.

거기 되게 아름답다고 들었어.

I heard it's really beautiful there.

응, 거기 산책하기 좋아.

Yeah, It's a nice place to walk around.

// Front

front를 '앞', '전면'이라는 뜻으로만 알고 있나요? 종종 전혀 다른 의미로 사용되기도 하는데요. **front**가 속어로 사용될 때는 **사실을 과장하거나 왜곡한다**는 의미가 돼요.

Stop fronting about the school you graduated.
너 어느 학교 나왔는지 거짓말 좀 그만해.

front는 주로 자기 자신에 대해 과대포장을 할 때 많이 사용되는 표현이라 출신 학교 나 경력, 개인의 능력을 속인다는 표현으로 자주 사용돼요. 누군가를 처음 만날 때 그 사람의 '앞 모습', '겉모습'을 제일 먼저 보잖아요. 나의 진짜 모습을 감추기 위해 거짓 말로 내 앞을 감쌌다고 생각하면 이해하기 쉬워요.

요즘 영어로 말해보자! //

59-1.mp3

1 그녀가 어디 출신인지 거짓말해왔대.

I heard she's been ＿＿＿＿＿＿＿ about where she's from.

2 네가 얼마 버는지 거짓말할 필요 없어.

No need to ＿＿＿＿＿＿＿ about how much money you make.

정답 **1** fronting **2** front

// No cap

No cap은 요즘 10대, 20대들이 굉장히 많이 쓰이는 표현이에요. cap에는 '모자'말고도 '거짓말'이라는 의미가 있는데요. 여기에 no가 붙어 **no cap**, '**진심으로**', '**거짓말 안치고**'라는 표현이 만들어졌어요.

No cap, this is so nice. 거짓말 아니야. 이거 진짜 좋다.

This food is really tasty, no cap.

이 음식 정말 맛있어. 진심이야.

과장이나 거짓이 아닌 진심이라는 말을 강조하고 싶을 때 문장의 앞이나 뒤에 No cap을 붙이면 돼요. 이번에는 진지하게 말하고 있는데 친구가 거짓말 아니냐고 의심을 하네요.

A : **Stop capping!** 거짓말 좀 그만해!

B : **I am not capping.** 나 거짓말하는 거 아니야.

cap은 쉽게 말해 lie와 같은 의미예요. 거짓말이 아니고 진심이라는 걸 강조하고 싶을 때 no cap 한번 사용해 보세요.

요즘 영어로 말해보자! //

59-2.mp3

1 오늘 백화점에서 선호 봤어. 진짜야.

I ran into Sunho at the mall today. _____.

2 네 새로운 머리 스타일 정말 예쁘다! 진심.

Your new hairstyle looks amazing! _____.

정답　**1** No cap **2** No cap

LET THE BEAT DROP!

챈트로 오늘 배운 표현을 익혀보자. 비트주세요!

No cap, No cap

No cap, No cap

No cap, No cap

No cap, No cap

뻥 아니고 이거 진짜 좋다.

No cap this is so nice.

이 음식 뻥 아니고 진짜 맛있다.

No cap this food is really tasty.

거짓말하지 마.

Stop capping.

나 거짓말하는 거 아니야.

I am not capping.

내가 만든 음식 먹어 볼래?

Do you want to try the food I made?

응! 뻥 아니고 완전 맛있어 보인다.

Sure! No cap, it looks delish.

맛있게 먹으면 좋겠다.

Hope you like it.

너 프로필 사진 바꿨더라.

완전 좋아!

I saw you changed your profile picture.

I love it!

LET THE BEAT DROP!

챈트로 오늘 배운 표현을 익혀보자. 비트주세요!

오랜만에 맘에 드는 셀카 건졌어.

I finally took a selfie

that I like in a long time.

뻥 아니고 너 아닌 줄 알았어.

No cap, I thought it wasn't you.

우리 뭐 먹을까?

What do you want to eat today?

거짓말 아니고 난 다 잘 먹어.

I'm not capping

I really can eat anything.

최근에 오픈한 피자 가게 가볼까?

How about going to the pizza place

that just opened?

오, 좋아. 가고 싶어.

I'm down for that.

// Give props

props라는 말 들어보셨나요? props는 proper respect, proper recognition의 줄임말로 '참된 존경', '참된 인정'이라는 의미예요. 주로 give props to someone 이라고 해서 **누군가에게 감사를 전하고 존경을 표할 때** 많이 쓰여요.

I give props to you. 네 덕분이야.

I give props to those who helped me.

저를 도와주신 분들께 공을 돌립니다.

한마디로 **give props**는 '**덕분이야**', '**~에게 공을 돌립니다**'라는 의미예요. 힘든 업무를 잘 마무리했을 때 함께 일한 사람들에게 이렇게 말할 수 있겠죠? 오늘 배운 give props 잘 외워두셨다가 유용하게 사용해 보세요.

요즘 영어로 말해보자! //

60-1.mp3

1 나 드디어 해냈어! 네 덕분이야. I finally made it! I _____ to you.

2 미셸 교수님께 이 공을 돌립니다.

I would like to _____ to my professor, Michelle.

정답 **1** give props **2** give props

// Throw shade

throw는 '던지다', shade는 '그늘'이라는 뜻인데요. **throw shade**는 무슨 의미일까요? 바로 **누군가를 헐뜯고, 욕할 때 쓰는 표현**이에요. 예를 들어 친구에게 머리를 잘랐다고 하니, 미용실에 안 가고 직접 자른 거냐고 물어보네요. 욕을 한 건 아닌데 이렇게 교묘하게 상대의 기를 죽이고 비웃을 때 이렇게 말할 수 있어요.

Are you throwing shade at me?

너 지금 나 돌려 까는 거야?

쉽게 말해 throw shade는 대놓고 누군가를 욕하는 게 아니라 당사자 외에는 알아듣기 힘들게, 아주 교묘하게 누군가를 깎아내릴 때 쓰는 표현이에요. 주로 throw shade 뒤에 at이나 on을 붙여 욕하는 상대가 누구인지 나타내요.

He throws shade at me. 그가 은근히 날 욕해.
She always throws shades on everyone.

그녀는 항상 누구든 욕해.

누군가를 헐뜯는 행위는 나에게 그대로 다시 돌아올 수 있어요. 다른 사람을 교묘하게 욕하는 행동은 멈춰주세요. Stop throwing shade!

요즘 영어로 말해보자! //

60-2.mp3

1 걔가 어젯밤에 너 욕하던데. She was _____ at you last night.

2 괜히 엄한 사람 욕했다가 너만 난감해질 수도 있어.
You can get into trouble for _____ at the wrong person.

정답 **1** throwing shade **2** throwing shade

LET THE BEAT DROP!

챈트로 오늘 배운 표현을 익혀보자. 비트주세요!

Throw shade

Throw shade

Throw shade

Throw shade

돌려 까지마.

Stop throwing shade.

걔가 날 은근히 돌려 까.

He throws shade at me.

쟤 지금 나 돌려 깐 거야?

Did she just throw shade at me?

나를 그렇게 교묘하게 욕하지 마.

Don't throw shade at me.

나 머리 잘랐어. 어때?

How's my hair cut?

네가 직접 자른 거야?

Did you cut it yourself?

너 나 지금 돌려 까는 거지?

Are you throwing shade at me?

아니야, 진짜 궁금해서 물어보는 거야.

No! I was just curious.

나 정말 쟤가 오버하는 거 그만 보고 싶어.

I really can't stand her drama any more.

LET THE BEAT DROP!

챈트로 오늘 배운 표현을 익혀보자. 비트주세요!

무슨 일 있었어?

What happened?

아니, 쟤는 맨날 과장해서 행동하고

사람들을 엄청 돌려 까.

She overreacts all the time

and throws shade at people.

진짜? 완전 최악이다!

Oh my god. That's the worst!

쟤가 날 돌려 까는 듯한 느낌이 들어.

I feel like he's throwing shade at me often.

왜 그런 생각이 들어?

What made you think so?

정확히는 모르겠는데,

대화를 하면 뭔가 싸해.

I don't know but I don't get the good vibes

from our conversation.

Hit a wall,
On a roll

// Hit a wall

극복하기 어려운 한계나 장애를 비유적으로 '벽'이라고 표현하는데요. 어느 나라나 벽이 주는 느낌을 비슷한가 봐요. **hit a wall**은 벽에 부딪힌다는 의미인데요. **어떤 일이 잘 진행되다가 갑자기 외부의 사정으로 중단되었을 때** 이 표현을 사용해요.

We hit a wall during the project.

프로젝트를 하던 중에 갑자기 중단하게 됐어.

벽돌을 의미하는 brick을 넣어 hit a brick wall이라고 하면 해결하기 힘든 '난관에 부딪쳤다'는 표현이 돼요. I have just hit a brick wall. (나 난관에 봉착했어.) 벽돌 벽은 더 단단하니 해결하기 힘든 어려움이라는 게 더 와닿지 않나요? 무언가를 하다 보면 벽에 부딪칠 때도 있지만, 우리 잘 극복하도록 해요.

요즘 영어로 말해보자! //

61-1.mp3

1 기상악화로 인해 건설팀이 진행을 중단했어.

Due to bad weather, the construction team ＿＿＿＿＿＿＿＿ in their progress.

2 어려움에 처하면 도움을 요청하세요. When you ＿＿＿＿＿＿＿＿, ask for help.

정답 **1** hit a wall **2** hit a brick wall

// On a roll

어떤 일이 막힘없이 진행이 잘 될 때 '잘 굴러간다'고 하죠? 영어에도 on a roll이라는 비슷한 표현이 있어요. roll이 '구르다', '굴러가다'라는 의미가 있는데요. **on a roll**이 되면 '잘 굴러가는', 한마디로 **승승장구하는**'이라는 뜻이 돼요. 상황에 따라 자연스럽게 **'일이 잘 풀리다'**, **'잘 되고 있다'**, **'상승세다'**라고 해석 가능해요.

A : **Sandy looks so happy these days.**

요즘 Sandy 기분 되게 좋아 보인다.

B : **I heard Sandy's work is on a roll.**

Sandy의 일이 잘 풀리고 있다고 들었어.

작은 눈덩이가 점점 커지듯 막힘없이 일이 잘 풀릴 때 on a roll이라고 해요. 내가 좋아하는 스포츠 팀이 승승장구하거나 새로 개봉한 영화가 잘 나갈 때도 on a roll을 쓸 수 있어요.

That team is on a roll. 그 팀은 승승장구하고 있어.

on a roll, 아주 기분 좋은 표현이죠? 여러분도 일이 잘 풀릴 때 I'm on a roll.이라고 꼭 말해 보세요. '나 요즘 일이 잘 풀려'라는 뜻이랍니다.

요즘 영어로 말해보자! //   61-2.mp3

1 어떤 영화가 요즘 잘 되고 있지? Which movie is _____ these days?

2 너 요즘 잘나간다고 들었어. I heard you're _____ these days.

정답 **1** on a roll **2** on a roll

228

LET THE BEAT DROP!

On a roll, On a roll

On a roll, On a roll,

On a roll, On a roll

On a roll, On a roll

요즘 내 일 잘 풀리고 있어.

I'm on a roll.

내 앨범 잘 되고 있어.

My album is on a roll.

요즘 걔 잘 되더라. 잘 풀리더라.

She's on a roll these days.

그 팀 요즘 잘 하고 있는 것 같아.

That team is on a roll.

요즘 Sandy 기분 되게 좋아 보인다.

Sandy looks so happy these days.

Sandy 일이 잘 풀리고 있다고 들었어.

I heard Sandy's work is on a roll.

너무 좋은 소식이다!

잘 될 줄 알았어.

That's amazing.

I knew she would nail it.

오늘 야구 경기 보러 갈래?

Do you want to go to a baseball game today?

LET THE BEAT DROP!

챈트로 오늘 배운 표현을 익혀보자. 비트주세요!

그래!
네가 좋아하는 팀 요즘 잘 되고 있다고 들었어.
Sure.
I heard your favorite team is on a roll.
맞아. 너무 신나.
Yeah. I'm so hyped.
오늘 영화 보러 갈래?
Do you want to watch a movie today?
어떤 영화가 요즘 잘 되고 있지?
Which movie is on a roll these days?
잘 모르겠네.
차트 한 번 확인할게.
I'm not sure.
I'll check the chart.
그래! 우리 팝콘도 먹자!
Okay! Let's have popcorn too!

Blow it, Slap

오디오 클립 듣기

// Blow it

살다 보면 원하는 대로 일이 안 풀릴 때가 있어요. 열심히 준비한 시험을 망칠 수도, 누군가와의 관계를 망칠 수도 있는데요. 이렇게 무언가를 '**망치다**'라고 할 때 영어로는 **blow it**이라고 해요.

Don't blow it. 망치지 마.

I think I blew it. 내가 다 망친 것 같아.

blow는 '바람이 불다'라는 의미인데요. blow it은 실컷 다 해놓은 일을 바람이 불어서 다 날아갔다고 생각하면 돼요. 무언가를 망치거나 기회를 놓쳐버린 거죠. 무언가를 '망쳤다'라고 할 때는 blow의 과거형 blew를 쓰면 돼요. blow it, 굉장히 유용한 표현이지만, 자주 쓰이지는 않길 바랄게요.

요즘 영어로 말해보자! //

62-1.mp3

1 내가 망치고 싶지 않아. I don't wanna _____.

2 나 어제 시험 쳤는데 망쳤어.

I had an exam yesterday and I _____.

정답 **1** blow it **2** blew it

// Slap

slap은 원래 손바닥으로 '철썩 때리다'라는 뜻이에요. 그런데 요즘은 **어떤 것이 너무 내 취향일 때**, **너무 좋을 때**도 **slap**이라고 해요.

This food slaps.   이 음식 내 취향이야.

This song slaps.   이 노래 너무 좋아.

정말 내 취향이라고 강조하고 싶을 때는 slap hard라고 해요. 예를 들어 친구가 요즘 무슨 드라마 보냐고 물었는데, 너무 재미있고 내 취향에 딱 맞는 프로그램을 발견했다면 이렇게 말할 수 있어요.

A : **What do you watch on Netflix?**

요즘 넷플릭스에서 뭐 봐?

B : **<Kim's convenience>! It slaps so hard.**

<김씨네 편의점>! 내 취향에 딱 맞아.

음악에 관해서 주로 slap이 자주 사용되지만, 다른 것을 이야기할 때도 쓸 수 있어요. 무언가가 몹시 좋아서 취향 저격했을 때 slap 사용해 보세요.

요즘 영어로 말해보자! //

62-2.mp3

1 선호 새 노래 완전 내 취향이야.

Sunho's new songs _____ so hard.

2 그 영화 정말 재밌었어! That new movie really _____!

정답 **1** slap **2** slaps

232

LET THE BEAT DROP!

챈트로 오늘 배운 표현을 익혀보자. 비트주세요!

Slap, Slap, Slap, Slap

Slap, Slap, Slap, Slap

이거 너무 좋다.

This slaps.

이 곡 너무 좋다. 너무 내 취향이다.

This song slaps.

이 음식 너무 내 취향이다.

This food slaps.

이 티비 프로그램 너무 좋다.

This TV show slaps.

와, 이거 너무 좋다.

Wow, this slaps.

뭔데?

뭐 하고 있어?

What is it?

What are you doing?

선호 노래 듣고 있었어.

I was listening to Sunho's music.

나도 너무 좋아해.

진짜 잘 하더라.

I love her song as well.

She killed it.

LET THE BEAT DROP!

챈트로 오늘 배운 표현을 익혀보자. 비트주세요!

요즘 넷플릭스에서 뭐 봐?

What do you watch on Netflix?

<김씨네 편의점>!

진짜 너무너무 내 취향이야.

<Kim's convenience>!

It slaps so hard.

아 진짜? 코미디야?

Really? Is it a comedy?

응. 그리고 이 시리즈 영어 공부하기도 좋은 것 같아.

Yeah. I think it's great for

studying English as well.

너는 핸드폰에서 뭘 제일 많이 사용해?

What do you use the most on your phone?

아마 유튜브일걸?

Probably Youtube.

나도 유튜브, 네이버 오디오 클립

이렇게 두 개 제일 많이 쓰는 듯.

I think my top two is also Youtube and

Naver Audio Clip.

요즘 진짜 내 취향인 콘텐츠들이 너무 많아.

There are so many contents that slap hard.

Simmer down, Spice up

오디오 클립 듣기

// Simmer down

물이 부글부글 끓고 있는 상태를 simmer라고 하는데요. 화가 나서 속이 부글부글 끓을 때도 simmer라고 해요. 여기에 down을 붙여 **simmer down**이 되면 **화나 흥분을 '가라앉히다'**, **'진정하다'**라는 의미가 돼요. 예를 들어 친구가 아주 화가 났을 때 이렇게 말할 수 있어요.

Simmer down **and try to relax.**

진정하고 흥분 좀 가라앉혀.

simmer down은 시끌벅적한 상황을 정리할 때도 쓸 수 있어요. 예를 들어 교실이 시끄러우면 선생님이 '진정해'라는 의미로 simmer down이라고 하는 거죠. 누군가 화가 나서 흥분하거나 분위기를 잠잠하게 만든다는 표현, simmer down 기억해 주세요.

요즘 영어로 말해보자! //—————————————————— 63-1.mp3

1 좀 진정해. You need to _____.

2 후회할 일하기 전에 일단 화부터 가라앉혀.

_____ before you do something you might regret.

정답 **1** simmer down **2** Simmer down

// Spice up

spice는 '양념', '향신료'라는 뜻이에요. 음식에 향신료를 넣으면 맛에 풍미를 더하는데요. **spice up**은 '양념을 치다', '양념을 더하다'라는 의미지만, 어떤 상황을 더 맛깔나게 한다는 의미도 있어요. 한마디로 '**더 재미있게 하다**', '**분위기를 띄우다**'라는 뜻이에요.

Let's turn on some music to spice up the party.
음악을 틀어서 파티 분위기를 더 띄우자.

spice up 뒤에 구체적인 대상을 넣어 무엇을 더 재미있게 할 것인지 말할 수 있어요.

Let's spice up our trip!
우리 여행을 더 재미있게 만들어 보자!

I want to spice up this weekend.
나는 주말을 더 즐겁게 보내고 싶어.

분위기나 상황을 더 신나게 만든다는 표현, spice up 기억해 주세요.

요즘 영어로 말해보자! //

63-2.mp3

1 선호의 음악은 늘 파티 분위기를 띄워.

   Sunho's music always helps to _____ a party.

2 샌디는 항상 분위기를 더 좋게 만들어.

   Sandy always _____ the mood.

정답　**1** spice up　**2** spices up

236

LET THE BEAT DROP!

챈트로 오늘 배운 표현을 익혀보자. 비트주세요!

Spice up, Spice up, Spice up

Spice up, Spice up, Spice up

더 분위기 띄워보자.

Let's spice it up!

우리 여행을 더 재밌게 만들자.

Let's spice up our trip!

더 재밌게 해 봐!

더 신나게 해 봐!

Spice it up!

너의 하루를 더 재밌게 만들어 봐!

Spice up your day!

주말에 뭐해?

What are you doing this weekend?

글쎄. 이번 주말 재밌게 보내고 싶은데.

Not sure. I want to spice up this weekend.

한강에서 피크닉 할래?

Do you want to have a picnic at Han river?

너무 좋아!

I'm down for that!

주말에 우리 만날 때 샌디 와?

Is Sandy joining us on the weekend?

LET THE BEAT DROP!

챈트로 오늘 배운 표현을 익혀보자. 비트주세요!

응, 올걸? 왜?

I think so. Why?

꼭 왔으면 해서.

샌디는 항상 분위기를 더 좋게 만들어주잖아.

Because I really want her to come.

She always spices up the mood.

곧 너 생일 파티지?

Aren't you having your birthday party soon?

맞아, 분위기 띄울 만한 거 없을까?

Yup, would there be anything to spice it up?

보드 게임 여러 개 준비하는 거 어때?

How about getting some board games?

그거 괜찮겠다.

That'll be Gucci.

Kick back, Feel free

오디오 클립 듣기

// Kick back

kick back은 무슨 의미일까요? 뒤로 차라는 의미가 아니고요. **하던 일을 멈추고 편하게 쉬라는 뜻**이에요. 등을 뒤로 기댄 채 의자에 발을 올리고 앉아 있는 모습을 상상해 보세요. kick back에 가장 어울리는 자세예요. 우리로 치면 '두 다리 쭉 뻗고 쉰다'는 표현에 가까워요.

Kick back **and enjoy the movie.**

편히 앉아서 영화를 즐겨.

한마디로 kick back은 relax와 같은 의미예요. Kick back and relax라고 붙여서 많이 사용하기도 해요. 긴장을 풀고 휴식을 취하라는 말이에요. 오늘도 바쁜 일상에 지치셨다면 집에서 느긋하게 kick back 하세요.

요즘 영어로 말해보자! //

64-1.mp3

1 난 일 끝나면 느긋하게 쉬는 게 좋아.

I like to _____ and relax after work.

2 난 편하게 앉아서 내가 제일 좋아하는 TV 프로그램 보는게 좋아.

I like to _____ and watch my favorite TV show.

정답 **1** kick back **2** kick back

239

// Feel free

free는 '무료'라는 뜻이지만, '자유로운'이라는 의미도 있어요. 그래서 **feel free**라고 하면 **'부담 없이 편하게 해도 좋다'**, **'마음 놓고 해도 괜찮다'**라는 의미가 돼요. 상대방에게 너무 고민하지 말고 편하게 무언가를 하라고 말하고 싶을 때 자주 쓰이는 표현이에요.

A : **Can I use your phone?** 전화 좀 써도 될까?

B : **Feel free.** 편하게 쓰세요.

Feel free.라고 짧게 말하기도 하지만, 주로 어떤 일을 편하게 하라는 의미로 feel free to 뒤에 동사를 넣어 많이 사용해요.

Feel free to call me anytime. 언제든지 편하게 전화해.

Feel free to eat first if you're hungry.

부담 갖지 말고, 배고프면 먼저 먹어도 돼.

상대가 부담을 느끼지 않도록 편하게 무언가를 해도 괜찮다는 표현 Feel free, 남을 배려하는 멋진 표현이랍니다.

요즘 영어로 말해보자! //

64-2.mp3

1 나한테 뭐든 편하게 말해도 돼. _____ to tell me anything.

2 시험 끝난 사람은 편하게 먼저 나가도 돼.

_____ to leave when you are finished with the test.

정답 **1** Feel free **2** Feel free

LET THE BEAT DROP!

챈트로 오늘 배운 표현을 익혀보자. 비트주세요!

Feel free, Feel free

Feel free, Feel Free

편하게 물어봐.

Feel free to ask.

편하게 뭐든 말해도 돼.

Feel free to tell me anything.

부담 갖지 말고, 바쁘면 떠나도 돼.

Feel free to leave if you're busy.

부담 갖지 말고, 배고프면 먼저 먹어도 돼.

Feel free to eat first if you're hungry.

오늘 수업 한 거에서 질문 있어?

Do you have a question

from today's class?

지금은 없어요.

나중에 생기면 물어도 돼요?

No not for now.

Can I ask you later?

그럼. 편하게 언제든 질문해도 돼.

Oh yeah? Feel free to ask any questions.

우리 방금 산 김밥 언제 먹을까?

When should we eat 김밥 that we just bought?

LET THE BEAT DROP!

챈트로 오늘 배운 표현을 익혀보자. 비트주세요!

사실 나는 지금 배가 별로 안 고파서

부담 갖지 말고 먼저 먹어도 돼.

Lowkey I'm not that hungry right now.

Feel free to eat first.

고마워. 그럼 나 먼저 먹을게.

Thank you. I'll start eating then.

샌디야, 사실 내가 지금 가봐야 할거 같아.

Sandy, actually I need to leave right now.

진짜? 뒤에 약속 있어?

Really?

Do you have other plans after this?

오늘 동생 생일이라 가족끼리 식사하기로 했어.

It's my sister's birthday

so we are having a family dinner.

그렇구나. 부담 갖지 말고 지금 빨리 가봐.

오늘 만나서 즐거웠어.

I see. Feel free to leave right now.

It was nice catching up with you.

Go bananas, On fleek

오디오 클립 듣기

// Go bananas

맛도 있고 영양가도 많은 바나나는 과일의 의미 외에도 전혀 다른 의미가 있어요. 주로 go와 함께 **go bananas**의 형태로 쓰면 '**열광하다**', '**흥분하다**'라는 의미가 돼요. 어떤 일이 너무 신나서, 무언가가 너무 좋아서 열광한다는 뜻이에요.

He went bananas when the show began.

쇼가 시작되자 그가 열광하기 시작했어.

기쁠 때뿐만 아니라 아주 화가 나서 흥분했을 때도 go bananas를 사용해요. 예를 들어 친구가 몹시 화가 났다면 이렇게 말하는 거죠. He is going bananas. What's wrong with him? (쟤 엄청 화났네. 왜 저래?) 미친 듯이 열광하거나 미친 듯이 화를 낸다는 표현 go bananas, 상황에 알맞게 해석해 주세요.

요즘 영어로 말해보자! //

65-1.mp3

1 모두가 그녀의 새 앨범에 열광하고 있어.

Everyone is _____ over her new album.

2 엄마가 내 지저분한 방을 본다면 미친 듯이 화를 내실 거야.

My mom will _____ if she sees my messy room.

정답 **1** going bananas **2** go bananas

// On fleek

on fleek은 10대, 20대들이 자주 쓰는 표현으로 '**최고다**', '**완벽하다**'라는 뜻이에요. 눈썹이 완벽하게 그려졌다든가 헤어스타일이 예쁘게 잘 됐을 때가 있죠? 그때 on fleek을 써요.

My nail's on fleek. 내 네일 정말 완벽해.
Your eyebrows are on fleek.

너 눈썹 진짜 잘 그렸어.

예전에는 스타일이나 외모를 이야기할 때 on fleek을 자주 썼지만, 요즘은 뭐든지 멋지거나 잘했을 때 awesome 대신 많이 쓰여요.

That movie was on fleek. 저 영화 진짜 완벽해.
Sandy's rap was on fleek today.

오늘 샌디 랩 너무 잘하더라.

머리를 새로 했거나 새 옷을 산 친구가 있다면 이렇게 말해 보세요. It's on fleek! (너무 예쁘다!) 영어 실력도 up, 친구와의 좋은 관계도 up 될 거예요.

요즘 영어로 말해보자! //

65-2.mp3

1 네 원피스 너무 예뻐. Your dress is _____.

2 콘서트에서 선호 퍼포먼스 장난 아니었어.

Sunho's performance at her concert was _____.

정답 **1** on fleek **2** on fleek

244

LET THE BEAT DROP!

챈트로 오늘 배운 표현을 익혀보자. 비트주세요!

On fleek, On fleek

My nail's on fleek.

On fleek, On fleek

My nail's on fleek.

너 오늘 머리 좀 잘 된 것 같아.

Your hair is on fleek.

오늘 내 네일 좀 쩌는 듯.

My nail's on fleek.

너 오늘 눈썹 진짜 잘 됐다.

Your eyebrows are on fleek.

너 오늘 좀 쩔더라.

You were on fleek today.

오늘 나 염색했어.

I dyed my hair today.

사진 보내줘봐.

Send me the picture.

여름을 맞이해 파란색으로 했어.

I dyed it blue for the summer.

완전 쩐다! 너무 예뻐!

Oh, wow. It's on fleek!

LET THE BEAT DROP!

챈트로 오늘 배운 표현을 익혀보자. 비트주세요!

너 네일 너무 잘 됐다.

Your nails are on fleek.

사실 나 혼자 한 거야.

I did it myself, actually.

정말? 너 진짜 잘 했다.

Get out of here!

You killed it.

너도 내가 해줄까?

편하게 언제든 말해.

Do you want me to do yours too?

Feel free to tell me.

오늘 샌디 랩 너무 잘하더라. 이건 반박 불가.

Sandy's rap was on fleek today. Period.

맞아. 샌디 영상 오늘 몰아서 싹 다시 보려고.

I agree.

I'm going to binge watch all of her videos.

나도 그러려고 했는데?

우리 같이 볼래?

I was gonna do that too.

Do you want to watch it together?

그래, 좋은 생각이야.

Sounds good.

246

Bounce back, Save face

오디오 클립 듣기

// **Bounce back**

bounce는 공이 '튀어 오르다', 사람이 '벌떡 일어나다'라는 뜻인데요. **bounce back**이 되면 '**창피나 실패를 딛고 일어서다**'라는 의미가 돼요. 공을 바닥에 던지면 다시 튀어 오르듯 어려운 시기 이후 다시 일어선다는 표현이에요.

She will bounce back from her mistake.

그녀는 실수를 딛고 일어설 거야.

실패나 곤경으로부터 다시 일어서는 것뿐만 아니라 '**병을 회복하다**'라고 할 때도 bounce back을 사용해요. The children seem to bounce back quickly. (아이들은 빨리 회복하는 거 같아.) 모든 일이 잘 되면 좋겠지만, 그렇지 않을 때도 있어요. 그래도 우리 오뚝이처럼 bounce back 하도록 해요.

요즘 영어로 말해보자! //

66-1.mp3

1 걱정 마, 우리는 이 실패를 딛고 일어설 거야.

Don't worry, we will _____ from this loss.

2 그는 독감을 회복했어.

He _____ from having the flu.

정답   **1** bounce back **2** bounced back

// Save face

혹시 길을 걷다 넘어졌는데 아무렇지 않은 척 일어선 경험 있나요? 화가 났는데 사람들이 많아서 꾹 참은 적은요? 어떤 실수나 잘못을 했을 때 창피를 당하지 않기 위해 혹은 품위를 유지하기 위해 이렇게 행동을 하곤 하는데요. 바로 save face 하기 위해서예요. **save face**는 '**체면을 지키다**', '**체면을 차리다**'라는 표현이에요.

A : **Why do you lie so often?**

너 왜 이렇게 거짓말을 자주 해?

B : **I tried to save face.**   내 체면을 지켜보려고 했어.

체면을 구기지 않기 위해 종종 작은 거짓말을 하기도 하죠? 그래도 거짓말을 하는 것보단 솔직한 게 낫답니다.

It's better to be honest than save face.

체면을 지키는 것보단 솔직한 게 나아.

다른 사람의 체면을 세워준다고 할 때는 save one's face라고 해요. 너의 체면을 살린다면 save your face, 그녀의 체면을 세운다면 save her face라고 하는 거죠. 참고로 save face와 반대되는 표현은 lose face예요. '체면을 구기다'라는 의미랍니다.

요즘 영어로 말해보자! //   66-2.mp3

1 그녀는 체면 차리려고 늘 거짓말을 해. She lies all the time just to _____.

2 그가 체면 걱정 좀 그만했으면 좋겠어.
I wish he would not worry about _____.

정답 **1** save face **2** saving face

248

LET THE BEAT DROP!

챈트로 오늘 배운 표현을 익혀보자. 비트주세요!

Save face, Save face

Save face, Save face

Save face, Save face

Save face, Save face

내 체면을 지켜보려고 했어.

I tried to save face.

그 사람이 체면은 지키게 해 주자.

Let's let him save face.

너무 체면을 지키려고 하지 마.

Don't try to save face too much.

체면을 지키는 것보다 솔직한게 나아.

It's better to be honest than save face.

너 왜 이렇게 거짓말을 자주 해?

Why do you lie so often?

내 체면을 지키려다가 그랬어, 미안해.

I'm sorry, I tried to save face.

난 차라리 네가 솔직했으면 좋겠어.

I rather you being more honest.

다음부터는 더 솔직해지도록 할게.

I will try to be more down to earth.

챈트로 오늘 배운 표현을 익혀보자. 비트주세요!

나 정말 John 하고는 못 지내겠어.

I really can't get along with John anymore.

요즘도 너 귀찮게 해?

Is he bugging you again?

그것도 그런데, 항상 자기 잘못을 인정을 안 해.

Yeah. Plus, he never admits his fault.

그래? 걘 자기 체면만 맨날 지키는구나.

Really?

I guess he always try to save face.

오늘 내 친구가 나한테 엄청 큰 실수했다?

My friend made a huge mistake to me today.

뭔데?

썰 풀어봐!

What is it?

Spill the tea!

말하고 싶은데,

걔 체면은 지켜줘야 할 것 같아서 말 안 할래.

I want to, but I shouldn't say it

to save her face.

DAY 67

Lock down, Deal breaker

오디오 클립 듣기

// Lock down

무언가를 자물쇠로 잠그거나 한 위치에 단단히 고정시킬 때 lock을 사용하는데요. 어떤 일을 **lock down** 한다고 하면 그것이 **변하지 않도록** '**확정 짓다**'라는 의미가 돼요. 주로 **거래나 계약 등을** '**마무리 짓다**', '**성사시키다**'라는 뜻으로 많이 사용돼요.

I locked down the deal yesterday.

나 어제 그 거래 성사시켰어.

거래나 계약을 확정 지을 때는 lock down이라고 하지만, lockdown이라고 붙여서 쓰면 움직이나 행동에 대한 '제재'를 의미해요. 도시나 건물을 록다운하면 사람들이 자유롭게 이동하지 못하도록 '봉쇄'한다는 의미이고, 부모님이 아이들에게 록다운한 다고 하면 '외출금지'라는 의미가 돼요. 주어진 상황에 알맞게 해석해 주세요.

요즘 영어로 말해보자! //

67-1.mp3

1 새 스케줄 확정 지어야 해. I need to _____ the new schedule.

2 총격이 있은 후에 학교는 출입이 통제됐어.

The school was placed on _____ after the shooting.

정답 **1** lock down **2** lockdown

// Deal breaker

deal은 '약속'이나 '거래'를 의미하고, breaker는 무언가를 깨는 것이라는 뜻이에요. 그래서 **deal breaker**라고 하면 **협상을 깨는 요인이나 관계를 깨는 결정적인 단점**을 말해요. 다른 건 다 괜찮은데, 이거 하나가 너무 별로라는 생각이 들 때가 있죠? 바로 그 결정적인 단점 하나가 deal breaker예요.

A : **Did you buy that phone you talked about?** 그때 말한 핸드폰 샀어?

B : **No, the color of the phone was a deal breaker.** 아니, 핸드폰 색깔이 결정적인 단점이었어.

deal breaker는 어떤 물건이나 장소에 대해 말할 때도 쓰지만, 대부분 사람 간의 관계를 이야기할 때 많이 사용해요. 예를 들어 소개팅 자리에서 이 사람은 다 좋은데, 마음에 안 드는 딱 한가지 때문에 사귀지 못하겠다면 이렇게 말할 수 있어요.

Smoking is a deal breaker.

담배를 피우는게 결정적인 단점이야.

도저히 받아들일 수 없는 큰 걸림돌이 있다면 deal breaker 한번 사용해 보세요.

요즘 영어로 말해보자! //

67-2.mp3

1 일찍 출근하고 늦게 퇴근하는 거 때문에 여긴 안되겠어.

Having to start the work early and stay late is a _____.

2 아직 결정적인 단점은 안 보여. I don't see any _____ yet.

정답 **1** deal breaker **2** deal breakers

LET THE BEAT DROP!

챈트로 오늘 배운 표현을 익혀보자. 비트주세요!

Deal breaker, Deal breaker

Deal breaker, Deal breaker

Deal breaker, Deal breaker

Deal breaker, Deal breaker

아직 결정적인 단점은 안 보여.

I don't see any deal breakers yet.

연애를 할 때 이건 절대 허용할 수 없다 싶은 거 있어?

What is a deal breaker for you in a relationship?

우리 둘 사이의 거리가 결정적인 단점이었어.

The distance between us was a deal breaker.

그 핸드폰의 색깔이 결정적인 단점이었어.

The color of that phone was a deal breaker.

네가 연애를 할 때 이건 절대 안 된다 싶은 게 뭐야?

What is a deal breaker for you in a relationship?

나는 연락을 잘 안 하는 사람은 별로야.

I don't like people who don't text often.

나도 그래. 그리고 난 거리도 좀 중요한 것 같아.

롱디는 싫어.

Same. I also think the distance is important.

I don't like long distance relationship.

LET THE BEAT DROP!

챈트로 오늘 배운 표현을 익혀보자. 비트주세요!

맞아. 가까우면 가까울수록 더 좋지.
The closer, the better for sure.
그때 말한 핸드폰 샀어?
Did you buy that phone you talked about?
아니. 내가 안 좋아하는 색만 남아서 안 샀어.
No. The phones left there had colors
that I don't like.
그거 절대 안 되지.
That's a deal breaker.
우리 여행 갈 때 이 호텔 갈까?
Should we book this hotel for our trip?
먼저 리뷰를 보자.
Let's go through the reviews first.
헉, 리뷰 보니까 막 깨끗하진 않다고 하네.
Oh no, the reviews say it's not that clean.
그거 너무 결정적인 단점이다.
That's a huge deal breaker.

DAY 68

Snatch, Grab something

// Snatch

마트에서 세일을 시작하면 사람들이 빠르게 달려와 물건을 집어 가죠? 이렇게 뭔가를 빠르게 휙 낚아채는 것을 snatch라고 해요. **snatch**는 무언가를 '**잡아채다**', '**낚아채다**'라는 의미예요.

I just snatched the last bag of chips.

마지막 남은 과자를 내가 낚아챘어.

snatch는 다른 사람 손에 있는 걸 휙 낚아채는 상황에서도 사용할 수 있어요. 주로 소매치기를 당했을 때 많이 쓰는데요. He was trying to snatch my purse. '그가 내 지갑을 낚아채려 했어.'라는 의미예요. 무언가를 힘차게 잡아당기거나 남의 물건을 재빨리 가로챌 때 snatch를 쓴다는 점 기억해 주세요.

요즘 영어로 말해보자! //

1 마지막 남은 걸 누가 낚아챘어. Someone _____ the last one.

2 그가 내 손에 있던 종이를 휙 낚아챘어.

He _____ the paper from my hands.

정답 **1** snatched **2** snatched

Grab something

grab은 무언가를 '움켜잡다', '붙잡다'라는 의미예요. 그래서 grab something이라고 하면 무언가를 잡는다는 의미가 되는데요. 이 의미도 틀린 건 아니지만, 일상에서는 주로 먹을 것을 잡는다는 의미로 더 많이 쓰여요. 무엇을 '**간단히 먹다**', '**먹으러 가다**'라고 할 때 **grab something**이라고 하는 거죠.

I need to grab something.   뭔가를 먹어야겠어.

Do you wanna grab something?   뭐 먹을래?

grab something이라고 그대로 쓰기도 하고, something 자리에 구체적인 음식을 넣어도 괜찮아요. 햄버거를 grab할 수도, 피자를 grab할 수도 있는 거죠. 씹어 먹는 음식뿐만 아니라 마시는 음료도 가능하답니다.

I'm going to grab **hamburger.**   난 햄버거 먹으러 갈래.

Let's grab **some coffee.**   커피 마시러 가자.

무언가를 간단히 먹으러 가자고 할 때 이제 eat 대신 grab 한번 사용해 보세요.

요즘 영어로 말해보자! //

68-2.mp3

1 나랑 오늘 점심 먹을래?

Do you want to _____ lunch with me?

2 아무것도 안 먹어도 될 것 같아.

I don't need to _____ anything.

정답   **1** grab **2** grab

256

LET THE BEAT DROP!

챈트로 오늘 배운 표현을 익혀보자. 비트주세요!

Grab something

Grab something

Grab something

Grab something

나랑 오늘 점심 먹을래?

Do you want to grab lunch with me?

뭔가 먹어야겠어.

I need to grab something.

햄버거 먹어야지.

I'm going to grab hamburger soon.

아무것도 안 먹어도 될 것 같아.

I don't need to grab anything.

오늘 바빠?

Are you busy today?

아니 별로.

No not really.

시간 되면 같이 저녁 먹을래?

Do you want to grab dinner together?

좋아! 그럼 한 시간 뒤에 만나.

Sure. I'll meet you in an hour.

지금 어디야?

Where are you right now?

나 지금 집인데?

I'm at my home. Why?

오늘 우리 같이 점심 먹기로 했잖아!

We were supposed to grab lunch
together today!

완전 미안해. 까먹었어.

My bad. I completely forgot about it.

오늘 비가 진짜 많이 오네.

It's raining so hard today.

그러게 오늘 실내 괜찮은데 찾아봐야겠다.

Yeah. We should find some indoor places.

그럼 코엑스 가는 거 어때?

How about going to COEX then?

좋아.

그럼 거기서 영화 보고 뭐 먹고 오자.

Perfect.

Let's watch a movie
and grab something there.

DAY 69

Cold feet, Get butterflies

오디오 클립 듣기

// Cold feet

긴장되거나 초조할 때 손발이 차가워지지 않나요? **cold feet**은 직역하면 차가운 발이라는 뜻이지만, have나 get과 함께 쓰면 '**불안하다**', '**긴장하다**'라는 의미가 돼요. 주로 시험이나 면접, 결혼과 같이 큰일을 앞두고 있을 때 cold feet을 많이 사용해요.

I got cold feet right now. 나 지금 너무 불안해.
Don't get cold feet! 긴장하지 마!

계획했던 일에 대해 갑자기 초조해지고 겁이 날 때 have cold feet, get cold feet 이라고 해요. 예를 들어 친구가 큰 시험을 앞두고 너무 불안해한다면 이렇게 말해주세요. You don't need to get cold feet. (불안해할 필요 없어.) 참고로 feet은 '발'을 뜻하는 foot의 복수형이기 때문에 관사 a는 붙이지 말아 주세요.

요즘 영어로 말해보자! //

69-1.mp3

1 난 무대에 올라가기 전에 긴장이 돼.

I get _____ before I go on stage.

2 그녀는 소개팅 나갈 때마다 긴장해.

She gets _____ every time she goes out on a blind date.

정답 **1** cold feet **2** cold feet

259

// Get butterflies

butterflies는 '나비'를 의미하는데요. 마음속에서 나비가 날갯짓을 하는 것처럼 무언가가 기대되고 설레서 긴장될 때 get butterflies라고 해요. '가슴이 두근거리다', '떨리다'라는 의미예요.

I get butterflies **every time I see you.**

난 너를 볼 때마다 떨려.

주로 butterflies 앞에 get, give, feel을 넣어 '긴장되다', '긴장감을 주다', '긴장감을 느끼다'라고 다양하게 사용해요. 누군가를 혹은 무언가를 생각만 해도 떨리고 긴장된다면 이렇게 말할 수 있어요.

She gives me butterflies.   그녀는 내 심장을 두근거리게 해.
Just thinking about it gives me butterflies.

그냥 그걸 생각만 해도 너무 떨려.

마음이 초조하고 긴장돼서 너무 떨린다면 앞으로는 예쁜 나비가 뱃속에 있다고 생각해 보세요. 긴장이 풀릴지도 몰라요.

요즘 영어로 말해보자! //

69-2.mp3

1 걔네는 둘 다 서로를 생각하면 가슴이 두근거린대.

They both _____ when thinking about each other.

2 그는 경기 전에 늘 긴장을 해.

He always _____ before a game.

정답   **1** get butterflies **2** gets butterflies

260

LET THE BEAT DROP!

챈트로 오늘 배운 표현을 익혀보자. 비트주세요!

Cold feet

Cold feet

Cold feet

Cold feet

쫄지 마!

Don't get cold feet!

쫄 필요 없어. 불안해 할 필요 없어.

You don't need to get cold feet.

나 지금 너무 불안해.

I got cold feet right now.

불안한 마음이 드는 건 자연스러운 거야.

It's natural to get cold feet.

내일 드디어 시험이네?

It's finally your exam day tomorrow!

그러게. 이상하게 쫄게 되네.

I don't know but I get cold feet.

엄청 자연스러운 현상이야. 괜찮아.

That's very natural. It's okay.

내일 첫 데이트야.

너무 걱정돼.

I am going on my first date tomorrow.

I'm so worried.

LET THE BEAT DROP!

챈트로 오늘 배운 표현을 익혀보자. 비트주세요!

쫄지 마.

그냥 너답게 행동하면 돼.

Don't get cold feet.

Just be yourself.

고마워.

행운을 빌어줘.

Thank you.

Please keep your fingers crossed.

난 발표 전에 늘 불안해.

I always get cold feet

before speaking in front of others.

왜 그런 것 같아?

Why do you think so?

뭔가 다른 사람이 내 의견에 반대할까 봐 무서워.

I'm scared some people might disagree

with my point.

너무 불안해하지 말고,

너 의견을 밀고 가.

Don't sweat over it

and just stick with your opinion.

// Wing it

항상 계획대로만 살 수는 없죠? 가끔은 아무 계획 없이 마음 가는 대로 행동해도 좋은 일이 생기기도 하는데요. 연주자가 분위기에 맞춰 연주를 한다든가 배우가 즉흥적으로 대사를 하는 것처럼, 이렇게 그때그때 상황을 봐서 즉흥적으로 행동하는 것을 wing it이라고 해요.

Let's just wing it today.   오늘은 그냥 느낌 가는 대로 하자.
I just winged it.   그냥 즉흥적으로 했어.

한마디로 wing it은 느낌 가는 대로 자유롭게, 준비 없이 즉흥적으로 어떤 일을 하는 것을 말해요. 하지만 꼼꼼하고 철저하게 준비해야 하는 일도 많죠? 이 표현을 부정적으로 말하면 '대충하다'라는 의미가 돼요. 항상 기분에 따라 즉흥적으로 행동하기보다는 적절한 상황에서만 wing it 해주세요.

요즘 영어로 말해보자! //   70-1.mp3

1 우리는 아무 계획이 없어서 그냥 마음 가는 대로 해야 해.

There is no plan so we'll just have to _____.

2 쟤 그냥 대충 하고 있나 봐. I think he's just _____.

정답   **1** wing it **2** winging it

263

// Come up with

머릿속으로 무언가를 생각하는 것을 think라고 하는데요. 그럼 좋은 아이디어나 계획이 번쩍 떠오를 때는 뭐라고 할까요? 바로 come up with예요. **come up with**는 무언가를 '**생각해 내다**', '**떠올리다**'라는 뜻이에요.

I came up with a new idea.

나 새로운 생각이 났어.

She always comes up with a great idea.

그녀는 항상 기발한 생각을 해.

아이디어뿐만 아니라 해결책이나 방법, 계획 등 무언가를 생각해낸다고 할 때는 언제나 come up with를 쓸 수 있어요. 그리고 좋은 아이디어를 생각해내면 사람들과 공유하기도 하죠? 그래서 어떤 것을 '**제안하다**'라고 할 때도 come up with를 써요.

He came up with a new plan.

그가 새로운 계획을 제안했어.

아이디어가 떠올랐거나 다른 사람에게 어떤 생각을 제안할 때 come up with를 쓴다는 점 기억해 주세요.

요즘 영어로 말해보자! //

70-2.mp3

1 지금 아무 생각도 안 떠올라. I can't _____ any ideas.

2 너 지각한 변명거리 잘 생각해내는 게 좋을 거야.

You better _____ a good excuse for being late.

정답 **1** come up with **2** come up with

LET THE BEAT DROP!

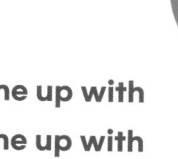

챈트로 오늘 배운 표현을 익혀보자. 비트주세요!

Come up with, Come up with
Come up with, Come up with
나 새로운 생각이 났어.
I came up with a new idea.
지금 아무 생각도 안 나.
I can't come up with any ideas.
걘 항상 기발한 생각을 해내.
She always comes up with a great idea.
걔가 새로운 계획을 제안했어.
He came up with a new plan.
우리 회의 시작하자.
Let's start our meeting now.
그래. 혹시 새로운 아이디어 떠오른 거 있어?
Okay. Did you come up with any new ideas?
아직. 근데 뭔가 곧 떠오를 것 같아.
Not yet. But I feel like some ideas
will pop in my mind soon.
오늘 뭐해?
What are you up to today?
나 오늘 부산으로 떠나. 왜?
I'm hitting the road to go to Busan today. Why?

LET THE BEAT DROP!

챈트로 오늘 배운 표현을 익혀보자. 비트주세요!

오늘 Sandy가 콘서트 가자고 해서

너도 같이 가자고 하려 했어.

Sandy came up with a plan to go to a concert.

So I was going to ask you to join.

그랬구나. 다음에 또 연락 줘.

I see. Please hit me up again.

나쁜 소식이 있어.

I have a bad news.

뭔데?

What is it?

날씨가 안 좋아서 항공편이 캔슬됐대.

Our flight has been cancelled this morning

due to the bad weather.

어쩔 수 없지 뭐.

새로운 계획을 다시 짜보자.

Too bad.

Let's come up with some new plans.

스크린 영어 리딩 –
어벤져스, 에이지 오브 울트론, 인피니티 워

케일린 신 번역 및 해설
524면 | 16,000원

박민지 번역 및 해설
296면 | 14,000원

박민지 번역 및 해설
520면 | 16,000원

구성 | · 영화를 소설화한 **원서 영한대역** · 단어장과 표현 설명 **워크북**

국내 유일! 〈어벤져스〉 원서 수록

영어 고수들이 추천하는 최고의 영어 학습법, 원서 읽기!
영화만큼 흥미진진한 〈어벤져스〉 원서로 책장 넘어가는 짜릿함을 느낀다!

난이도 첫걸음 | 초급 | 중급 | 고급   **목표** 원서 한 권 완독하기

대상 원서 읽기로 영어 실력을 향상하고 싶은 독자

스크린 영어 리딩 -
엔드게임 1, 2

구성
· 영화를 소설화한
  원서 영한대역
· 단어장과 표현 설명
  워크북

이시재 번역 및 해설 | 각 600, 556면 | 각 16,000원

국내 유일! 〈어벤져스 – 엔드게임〉 원서 수록!

영화만큼 흥미진진한 〈어벤져스 – 엔드게임〉 원서로
책장 넘어가는 짜릿함을 느낀다!

난이도 첫걸음 | 초급 | 중급 고급   **목표** 원서 한 권 완독하기

대상 원서 읽기로 영어 실력을 향상하고 싶은 독자

30장면으로 끝내는
스크린 영어회화 – 겨울왕국2

또 한 번 전세계를 강타한 '겨울왕국' 신드롬!

국내 유일!
전체 대본 수록

구성
· 전체 대본
· 훈련용 워크북
· mp3 CD

30장면으로 끝내는
스크린 영어회화
Disney
겨울왕국 II

스크립트북 　 워크북 　 mp3 CD

라이언 강 해설 | 312면 | 18,000원

국내 유일! 〈겨울왕국2〉 전체 대본 수록!

다시 찾아온 '겨울왕국' 열풍!
〈겨울왕국2〉의 30장면만 익히면 영화 주인공처럼 말할 수 있다!

난이도	첫걸음 | 초급 중급 | 고급	기간	30일
대상	영화 대본으로 재미있게 영어를 배우고 싶은 독자	목표	30일 안에 영화 주인공처럼 말하기

즐거운 영어생활

1교시 일상생활 영어회화 | **2교시** 여가생활 영어회화 | **3교시** 사회생활 영어회화

구성
1권 본책
2권 연습장

부록
MP3 파일
무료 제공

제이정 지음 | 236쪽 | 각 권 13,000원

말문 터진 입이라 영어로 막 말해요!

현실 활용도 200% 생활밀착 영어회화

내가 매일 쓰는 말! **영어로 진짜 궁금했던 바로 그 표현!**

난이도	첫걸음 초급 중급 고급	기간	각 권 30일
대상	재미있게 볼만한 영어회화책을 찾는 분 생생한 현실 영어를 익히고 싶은 분	목표	즐겁게 배워서 주구장창 써먹는 진정한 영어 생활화 실천

스피킹 매트릭스

1분 | 2분 | 3분 영어 말하기

부록

· 해설 강의
· 훈련용 mp3
· 부가 학습자료

김태윤 지음 | 각 권 12,000원

6년 동안 20만 독자가 본
국내 1위 영어 스피킹 훈련 프로그램!

한국인의 스피킹 메커니즘에 맞춘 **과학적 3단계 훈련**으로

1초 안에 문장을 완성하고 1분, 2분, 3분,… 막힘없이 말한다!

난이도	첫걸음	초급	중급	고급
		1분	2분	3분

기간 각 권 60일

대상 집중 훈련으로 영어 스피킹을 단기간에 향상시키려는 학습자

목표 1분/2분/3분 이상 영어로 내 생각을 자신 있게 말하기

영어회화 무작정 따라하기

부록

프리토킹 워크북

특별 서비스

· mp3 파일 무료 제공
· 저자 음성강의 무료 제공

오석태 지음 | 352쪽 | 15,000원

영어 초보자도 100일이면 다시 태어난다!

25개 핵심동사와 75개 핵심패턴으로
100일이면 영어 말문이 열린다!

난이도	첫걸음 **초급** 중급 고급
대상	탄탄한 영어 기본기를 다지고 싶은 독자
기간	100일
목표	기본동사와 핵심패턴으로 하고 싶은 말을 자유자재로 만들기